저학년

수업
놀이

저학년 수업 놀이

지도서와 함께 보는
교과서 단원별 놀이 총정리

글·주성환 │ 그림·옥이샘(옥상헌)

지식프레임

들어가는 말

아침마다 지각을 하는 아이가 있습니다. 그 아이는 2교시 중간쯤에 뒷문을 스르르 열고는 아무렇지도 않은 표정으로 들어와서 '삐거덕' 소리를 내며 의자를 빼서 앉더군요. 그 모습이 조금은 당당해 보였습니다. 그리고 책상에 집어던지듯 놓은 책가방을 끌어안고 엎드려 잠을 잡니다. 잠을 자지 않을 때는 알 수 없는 혼자만의 놀이를 하며 수업에는 전혀 참여하지 않았습니다. 저는 야단치는 무서운 어른이 없어서 그런다고 생각하고 "네가 대학생이냐? 초등학교 때 바르게 자라야지 지금부터 이러면 어떻게 훌륭한 사람이 되겠느냐? 어른이 되면 어떻게 살아가려 하느냐?" 하며 나름 엄하게 꾸중했습니다.

그 후, 아이는 제가 보기 싫었는지 제 수업이 있는 목요일은 항상 2교시가 끝나고 나서 등교를 했습니다. 다른 방법으로 어르기도 해보고 달래도 보고, 칭찬도 하면서 '햇볕 정책'을 써봤지만 아무 소용이 없었습니다. 담임이 아닌 제가 아이의 일거수일투족을 감시하며 그릇된 행동을 고친다는 건 사실 불가능해 보였습니다.

그런데 아이가 유일하게 관심을 보이며 참여하는 수업이 있었는데 바로 놀이로 수업을 할 때였습니다. 수업 놀이를 할 때는 관심을 보이며 슬금슬금 접근하다가 이내 적극적으로 참여하곤 했습니다. 저는 놀이를 통해 아이의 마음을 이해하게 되었습니다. 어머니와 둘이 사는 아이는 어머니가 아침 6시에 일하러 나가시면 혼자 일어나 밥을 챙겨 먹고 등교를 해야 합니다. 어린아이가 스스로 할 수 있는 일이 얼마나 있을까요. 일찍 일어나기는커녕 밥도 챙겨 먹지 못하고 까치머리를 한 채로 등교를 하곤 했던 겁니다. 속사정을 알고 난 후, 반 친구들과 저는 아이가 얼마나 외로운지 이해하게 되었습니다. 아이를 대하는 저와 친구들의 태도가 바뀌었지요. 부드러운 시선으로 아이를 대했고 따뜻한 말 한마디를 더 하게 되었습니다. 특히 아이를 배려한 간식 놀이는 가장 인기 있는 수업 놀이가 되었죠. 그러자 아이가 차츰 변하기 시작했습니다. 수업 전에 제게 찾아와 "선생님, 가시죠." 하며 교구를 날라줬고, 수업이 끝나면 "선생님, 가시죠." 하며 수업 바구니를 운반해 주었습니다. 얼마나 기특한지요.

교육은 '좋은 수업 방법으로 화려한 자료를 활용해 멋있게 가르치는 것이 아니라 마음을 만져주는 것이구나!'라는 것을 새삼 깨닫게 되었습니다. 그렇게 아이들은 제게 많은 것을 주었습니다. 선생으로서, 인간으로서, 한걸음 앞으로 나아가게 했습니다.

놀이를 통한 수업은 저학년 학생들에게 더욱 큰 효과를 나타냅니다. 제가 수업을 마치고 복도로 나가면 1, 2학년 학생들이 모두 뒷문으로 뛰어나와 팔을 벌리고 가지 말라고 가로막습니다. 가끔 난처하기도 하지만 더 없이 행복한 순간입니다.

1, 2학년 교육과정이 바뀌면서 많은 선생님들이 현장에서 어떻게 가르쳐야 하는지 힘들어하시며 제게 '안정과 성장 맞춤 연수'를 많이 요청하십니다. 하지만 연수 강의를 통해 지도하는 분량에는 한계가 있고, 일일이 학교마다 다 찾아갈 수 없어 이 책을 출간하게 되었습니다. 이 책을 통해 학교 수준과 실정에 맞게 조금씩 변경해 가며 지도하시면 선생님들께 큰 도움이 되리라 믿습니다.

책을 출간하도록 도와주신 서울놀이학습연구회 임원들, 그리고 지식프레임 출판사에 깊은 감사를 드립니다.

2018년 1월
주성환

Contents

Part 2 수학 수업 놀이

Part 3 바슬즐 수업 놀이

Part 4 기타 수업 놀이

이제 막 학교라는 사회에 첫발을 내딛은 저학년 학생들의 수업에 놀이를 적용하려면
여러 가지 걱정이 들게 마련입니다. 수업 준비가 힘들지 않을지, 진도는 제대로 나갈 수 있을지,
교실 분위기가 어수선해지지 않을지 많은 고민이 생기지요.
저학년은 어른을 뛰어넘는 반짝반짝한 상상력을 완벽하게 무장한 시기입니다.
호기심이 많아 질문도 많고, 가끔 엉뚱한 행동을 하기도 하지요.
그래서 이 시기에는 학생들이 상상력과 창의력을 기를 수 있도록
다양한 경험을 시켜주는 것이 좋습니다.
그렇다면 선생님들의 고민을 덜어주는 손 쉬운 수업 놀이는 어떻게 준비하면 될까요?
그리고 학생들이 즐거운 수업 놀이는 어떻게 시작하면 될까요?

Part 0

저학년 수업 놀이,
이렇게 하세요!

크게 웃고 신나게 박수 치고 릴랄라 노래하며
놀이로 성장하는 즐거운 저학년 교실!

저학년 수업 놀이,
어떻게 해야 즐겁고 쉽게 할 수 있을까요?

놀이는 학생들에게 즐거움과 만족감을 주지만 학생들이 놀이를 통해 얻는 것이 단지 그것뿐만은 아닙니다. 저학년 학생들은 놀이 활동을 통해서 인간관계에 필요한 것들을 새롭게 알게 되고 사회에 첫발을 내딛는 기본 방법에 대해서도 배우게 됩니다. 다만 학년별로 선호하는 놀이 방법이나 개개인의 발달 단계가 다르기 때문에 학생들의 발달 특성에 맞는 올바른 수업 놀이가 매우 중요합니다.

저학년은 상상력을 꽃피우는 시기입니다. 호기심이 많아 질문도 많고, 어른들의 생각을 뛰어넘는 상상력으로 가끔 엉뚱한 행동을 하기도 합니다. 그래서 이 시기에는 학생들의 상상력과 창의력이 신장될 수 있도록 다양한 경험을 시켜주는 것이 좋습니다.

이 시기의 학생들은 자기중심적이기 때문에 남을 배려하는 것이 서툴러서 친구들 사이에 사소한 다툼이 자주 일어나기도 합니다. 친구들과 싸우고 스스로 잘못을 반성하는 것도 쉽지 않습니다. 저학년 학생들은 자주 싸우지만 또 금방 화해하고 어울린다는 장점이 있으므로 친구를 배려하는 교육을 시키는 것도 매우 중요합니다.

그렇다면 창의력과 상상력을 넓혀가고 서로를 배려하는 법을 배워야 하는 이 시기의 학생들에게 자연스럽고 효과적으로 수업에 놀이를 적용하는 방법에는 무엇이 있을까요?

다양한 신체 활동으로
수업의 즐거움을 알게 해주세요

저학년 학생들은 자연스럽게 노래와 율동을 즐깁니다. 교사가 간단한 노래와 함께 율동을 하며 학습을 지도하면 학생들의 참여도가 높아질 뿐만 아니라 학습한 내용이 오랫동안 기억에 남아 학습 효과도 높일 수 있습니다.

노래를 선택할 때는 학생들 누구나 금방 배울 수 있는 쉬운 노래가 좋습니다. 배우기 어려운 곡을 선택하면 학생들은 금방 싫증을 내거나 거부감을 드러내기 때문입니다. 놀이를 조금 변형해서 학생들 스스로 개사하여 노래를 부르게 하거나 간단한 동작을 만들어서 직접 율동하며 노래를 부르는 방법도 좋습니다.

저학년은 학생들은 아직 신체 기능의 균형이 잡히지 않아 한 자세로 오래 앉아 있기를 힘들어하며, 손가락의 미세 근육들도 완벽하게 발달하지 않아서 필기구를 바르게 쥐는 것과 작은 글씨 쓰기를 어려워합니다. 저학년의 주의 집중 시간은 10~15분 정도로 짧아 수업 시간에 부산스러워 보일 때도 많습니다. 따라서 40분을 한 시간으로 공부하는 수업 시간에는 다양한 활동으로 학생들의 관심을 끌어야 합니다. 교사가 신체 활동 놀이를 적절하게 섞어서 수업을 지도하면 학생들이 집중하는 데 많은 도움이 됩니다.

종이 접기와 보드게임으로
수업에 흥미를 느끼게 해주세요

저학년 학생들이 가장 좋아하는 놀이로는 종이 접기와 보드게임이 있습니다.

종이 접기는 눈과 손의 협응력을 발달시키고, 창의력을 키우는 데 도움이 되며 집중력 향상에도 좋은 놀이입니다. 다만 어려운 종이 접기를 하면 학생들이 짜증을 낼 수 있고 상대적으로 다른 친구들보다 못하거나 뒤지게 되면 열등감을 느낄 수 있습니다. 따라서 종이 접기 활동을 할 때는 누구나 쉽게 접을 수 있는 단계로 시작하는 것이 좋습니다.

보드게임은 승패가 있어 의욕이 생기고, 규칙이 간단하면서도 긴장감이 있다는 특징이 있습니다. 특히 주사위를 활용하는 놀이는 누구나 손쉽게 할 수 있어 모두 흥미롭게 빠져듭니다. 승과 패가 있는 게임 놀이를 통해 학생들은 성취감과 문제해결능력을 기를 수 있으며 게임의 규칙을 통해서 사회인지 능력도 키울 수 있습니다.

학생들의 긍정적인 자존감을 키워주세요

모든 교과는 수업 놀이 활동으로 진행할 수 있습니다. 체육, 음악, 미술 영역은 물론이고, 친교 활동, 상담 활동, 치료 활동, 언어 활동 등 모든 활동에서 가능합니다. 또한 학생들의 적극적이고 자발적인 참여로 자연스럽게 학생 중심 수업이 되어 자기 주도적 학습이 가능합니다.

놀이는 혼자 하는 개인 활동이 아니라 여럿이 모여서 하는 활동이기에 여러 친구들을 고르게 사귈 수 있는 장점도 있습니다. 친구를 도와주며 함께 활동하는 협동 수업을 하다 보면 학생들은 나 혼자만 잘해서 되는 것이 아니라 친구를 도와주며 같이 활동해야 더 잘할 수 있다는 것을 깨닫게 됩니다. 학생들은 이 과정을 통해 협동심과 배려심을 키울 수 있습니다. 더불어 친하지 않았던 친구들이나 나와 다르다고 생각하는 친구들과도 사귈 수 있는 기회가 주어지기 때문에 학교폭력예방교육에도 도움이 됩니다.

놀이는 제한된 틀 안에서 자유롭게 할 수 있으며 상황에 따라 규칙과 방법이 다양하게 발전합니다. 특히 모든 학생들이 다양하고 공평한 기회를 가질 수 있어서 긍정적인 자존감 형성에 도움을 줍니다. 또한 놀이는 반드시 규칙을 전제로 합니다. 규칙을 지켜야만 놀이가 이루어지기 때문에 학생들은 규칙을 지킴으로써 성숙한 시민의식을 형성할 수 있습니다. 이 규칙 또한 학생들 스스로 정할 수 있기 때문에 자발적으로 준법정신을 기를 수 있습니다.

△ ● ▲
결과보다는 과정 중심의 수업 놀이가 되도록 해주세요

수업 놀이를 할 때 중요한 점은 어떤 활동을 어떻게 하느냐입니다. 교사가 수업 놀이를 계획할 때는 철저한 준비가 필요합니다. 보통 수업 놀이를 한다고 하면 대부분 승패를 가르는 경쟁 활동을 하게 됩니다. 경쟁 활동은 짧은 시간에 학생들의 흥미를 끌 수는 있지만 다른 친구를 이겨야 내가 승리할 수 있다는 부담 때문에 친구와 갈등을 겪게 되고, 집단 따돌림 같은 상황을 발생시키기도 합니다. 교사는 지나친 경쟁 활동을 지양하고 승패를 가르는 결과보다는 놀이를 하는 과정에서 학생들이 즐거움과 행복을 찾도록 해야 합니다.

또한 교사는 수업 놀이의 '주체'가 아닌 '보조자'로서 참여해야 합니다. 교사는 수업 놀이의 주체인 학생 스스로가 선택하고 결정하도록 도와주고 허용적인 분위기와 심리적 안정감을 우선으로 하는 놀이가 이루어지도록 지도하는 것이 바람직합니다.

◇ ● ▲
수업 놀이에 대한 고민, 이렇게 해결해 보세요

많은 교사들이 수업 놀이 지도안 작성을 어려워합니다. 하지만 수업 놀이 지도안은 보통의 지도안과 크게 다르지 않습니다.

우선 놀이를 수업에 적용하려다 보면 '수업 놀이를 학습의 어느 단계에 적용하면 좋을까?'라는 고민이 생기게 마련입니다. 실제로 교사들이 제게 '도입, 전개, 정리, 평가 단계의 어느 부분에 적용하는 것이 좋을까요?'라는 질문을 많이 하는데 정해진 답은 없습니다. 어느 단계든 교사가 원하는 단계에 적용하면 됩니다.

수업 놀이 지도안은 단원의 통합이나 교과의 융합으로 작성하는 것이 좋습니다. 하나의 놀이로 여러 차시나 여러 단원의 지도 내용을 아우르는 수업을 하거나 과학, 미술, 체육, 창체의 교과를 융합하는 수업을 하는 것도 바람직합니다. 따라서 수업 놀이는 여러 차시에 걸쳐 수업을 해야 하는 경우도 있습니다. 또한 수준별 지도가 가능하도록 학습 능력의 수준에 맞는 개별 학습이 되도록 작성하는 것이 좋습니다.

'수업 놀이 활동을 어느 정도의 분량으로 얼마만큼의 시간으로 적용해야 하는 것이 좋은가?'라는 고민을 할 수도 있습니다. 이런 고민은 대부분 수업 놀이에 시간이 많이 소모되면 단위 수업 시간에 성취할 목표를 달성하기 힘들지 않을까 하는 걱정 때문입니다. 교육과정을 재구성해서 가르치는 것은 교사의 특권이자 전문적인 기술입니다. 단위 시간의 목표보다는 단원의 목표가 무엇인지 인식하여 지도한다면 자유롭게 시간을 조절할 수 있게 될 뿐만 아니라 단원의 목표를 벗어나지 않게 됩니다. 따라서 시간에 구애받지 않고 자유롭게 수업 놀이를 진행하면 됩니다. 도입 단계나 단원 마무리 단계에서 5분 내외로 적용해 보는 것도 좋고, 40분 전체를 수업 놀이로 진행해도 좋습니다.

'수업 놀이시 평가를 어떻게 하는 것이 좋은가?'라는 고민을 할 수도 있습니다. 수업 놀이는 참여하는 행동 수업이기 때문에 지필 평가를 하는 것은 바람직하지 않습니다. 수업 놀이는 참여하는 자체로 자기 평가의 장이 되기 때문입니다. 따라서 학생들이 놀이를 잘하거나 못하거나 하는 기술적 결과보다는 친구를 배려하거나 적극적으로 참여하는 과정을 보는 태도를 평가하는 것이 좋습니다.

많은 교사들이 수업 놀이는 준비물이 많아 엄두가 나지 않는다고 합니다. 수업 놀이를 하려면 자세한 지도안을 작성해야 하고 준비물도 많이 챙겨야 하므로 귀찮기도 하고 시간도 없어 아예 포기하는 교사들도 많습니다. 하지만 수업 놀이에 항상 준비물이 많이 필요한 것은 아닙니다. 일단 주변에서 쉽게 찾을 수 있는 재료로 간단하게 수업 놀이를 시작해도 좋습니다. 종이, 분필, 실, 자, 색종이와 같이 교실에서 쉽게 구할 수 있는 자료를 활용하는 방법을 찾으면 얼마든지 즐길 수가 있습니다.

수업 놀이를 하면 너무 소란스러워 옆 반에 방해가 될 뿐 아니라 차분히 수업을 진행하기 힘들어서 기피하는 교사들도 있습니다. 놀이를 하면 학생들이 흥분하여 수업 분위기가 어수선해질 수 있고, 승패에 집착한 나머지 싸움으로 끝나는 경우도 있습니다. 그럴 때는 승패보다는 협동하며 활동하는 과정에 중점을 두는 수업 놀이를 하는 것이 좋습니다.

어쩌다 한 번씩 교사의 기분이 내킬 때마다 수업 놀이를 하는 것은 바람직하지 않습니다. 학생들이 수업 놀이에 적응할 수 있도록 조금씩 자주 하는 방법을 추천합니다. 어쩌다 한 번씩 수업 놀이를 하면 학생들은 절제를 잘 하지 못합니다. 수업 놀이 시작 전, 학생들에게 무엇보다 규칙을 지키는 것이 가장 중요하다는 주의를 주고, 반복적인 습관이 형성되도록 도와주어야 합니다.

저학년의 학습은 대부분 국어를 통해 이루어집니다.
국어는 모든 교과의 가장 기본이 되는 과목이지요.
국어 수업 놀이에서는 주로 자음과 모음을 연결 지어 낱말을 만드는 놀이나
상상하며 이야기 만들기 놀이를 통해 학생들이 한글에 좀 더 익숙해지고
나아가 상상력과 창의력을 기르는 데 도움이 되는 다양한 놀이들을 모았습니다.
저학년은 아직 단어를 쓰는 데 어려움이 있고, 한글을 읽는 데 서툰 학생들도 있으니
선생님께서는 반 학생들의 학습 능력에 따라 난이도를 조절해 가며 놀이를 활용하세요.

Part 1
국어 수업 놀이

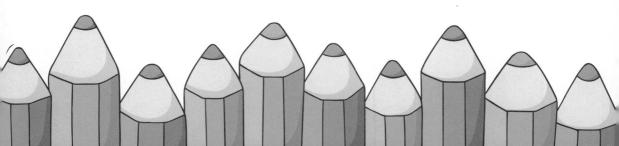

단원별 놀이 찾아보기

2-1 국어

2-2 국어

01 짝꿍에게 전달해요

• **관련 단원** 1-1 국어 1단원, 1-2 국어 2단원, 2-2 국어 2단원

손으로 신호 전달하기, 등 뒤로 글자 전달하기, 말 바르게 전달하기, 몸짓으로 글의 내용 전달하기 등을 하면서 상상력과 집중력을 키울 수 있는 놀이다. 준비물 없이 좁은 공간에서 쉽게 할 수 있다.

△ ● ▲
01 손으로 신호 전달하기

1   반 전체를 두 모둠으로 나눈다.

2   모둠끼리 모두 손을 연결해서 잡는다.

3   선생님은 가운데 서서 양 팀의 첫 번째 학생의 손을 한 번 꽉 잡고 전기를 전달한다.

4   전달받은 학생은 똑같은 신호를 바로 옆 사람에게 전달한다.

5   맨 뒷사람은 신호가 오면 손을 들고 어떤 신호가 왔는지 선생님께 말한다. 바르게 전달한 모둠이 점수를 얻는다.

6 점차 난이도를 높여서 이번에는 엄지손가락이나 새끼손가락을 눌러주며 게임을 한다.

△ ● ▲
02 몸으로 전달하기

1 반 전체를 두 모둠으로 나눈다.
2 학생들 모두 선생님을 등지고 줄을 서고, 선생님은 맨 마지막 줄에 선다.
3 선생님이 앞의 학생에게 '원숭이'라는 단어를 보여준다. 단어가 아닌 문장을 보여줘도 좋다.
4 전달받은 학생은 앞 친구에게 원숭이 흉내를 낸다. 전달받는 친구는 앞 친구에게 계속 반복해 전달한다.
5 맨 앞사람은 친구가 흉내 낸 동물이 무엇인지 칠판에 쓴다.
6 답을 맞힌 모둠이 점수를 얻는다.

△ ● ▲
03 귓속말로 전달하기

1 반 전체를 두 모둠으로 나눈다.
2 학생들 모두 선생님을 등지고 줄을 서고, 선생님은 맨 마지막 줄에 선다.
3 선생님이 앞의 학생에게 귓속말로 단어나 문장을 전달한다.
4 전달받은 학생은 똑같은 문장을 바로 앞사람에게 귓속말로 전달한다.
5 맨 앞사람은 전달받은 글자를 칠판에 쓴다.
6 답을 맞힌 모둠이 점수를 얻는다.

○ ● ▲

04 등 뒤로 자음 전달하기

1 두 모둠으로 나눈다.

2 학생들 모두 선생님을 등지고 줄을 서고, 선생님은 맨 마지막 줄에 선다.

3 선생님이 앞 학생 등 뒤에 자음 한 글자를 쓴다.

4 글자를 전달받은 학생은 바로 앞사람 등 뒤에 쓴다.

5 맨 앞사람은 전달받은 글자를 칠판에 쓴다.

6 답을 맞힌 모둠이 점수를 얻는다.

02 재미있게 책을 읽어요

· 관련 단원 1-1 국어 4단원, 1-2 국어 2단원, 2-1 국어 5단원, 2-2 국어 3단원

책을 읽으며 내용을 파악하거나 인물의 마음을 상상하며 읽기에 활용하면 좋은 활동이다.

01 두 명이 박수치며 발 구르며 번갈아 읽기

1 두 명을 한 모둠으로 한다. 서로 한 줄씩 번갈아가면서 책을 읽는다.

2 다 읽으면 손뼉을 쳐서 다 읽었다는 표시를 한다. (예 : "한 걸음", "짝!")

3 다른 사람이 그다음 한 줄을 다 읽고, 발을 두 번 구르며 다 읽었다는 표시를 한다. (예 : "두 걸음 가다가", "쿵쿵!")

02 전체가 박수 치며, 발 구르며 번갈아 읽기

1 전체 학생을 남녀 두 모둠으로 나눈다.

2 서로 한 줄씩 번갈아가면서 책을 읽는다.

3 남학생이 한 줄을 읽으며 손뼉을 두 번 친다. (예 : "한"하면서 "짝", "걸음" 하면서 "짝")

4 여학생이 한 줄을 읽으며 발을 두 번 구른다. (예 : "두 걸음" 하면서 "쿵", "가다가" 하면서 "쿵")

△ ● ▲
03 악기 두드리며 번갈아 읽기

1 전체 학생을 남녀 두 모둠으로 나눈다.

2 서로 한 줄씩 번갈아가면서 책을 읽는다.

3 남학생이 한 줄을 읽고 탬버린을 두 번 두드린다. (예 : "한 걸음", "찰찰")

4 여학생이 다음 한 줄을 읽고 트라이앵글을 두 번 두드린다. (예 : "두 걸음 가다가", "칭칭!")

5 서로 번갈아 읽다 보면 자연스럽게 4박자 리듬을 맞추며 읽게 된다.

6 역할을 바꾸어 읽어보도록 한다.

△ ● ▲
04 전체가 악기 연주하며 읽기

1 모든 학생에게 각각 여러 종류의 악기를 나눠준다. (예 : 큰 북, 작은 북, 트라이앵글, 캐스터네츠, 마라카스, 탬버린 등)

2 전체 학생이 한 줄을 다 같이 읽고 난 후 자기가 갖고 있는 악기를 두 번 친다. (예 : "한 걸음", "짝짝" / "두 걸음 가다가", "칭칭!")

3 악기를 친구와 바꾼 후 다시 책을 읽는다.

4 전체 학생이 한 줄을 다 같이 읽고 난 후 자기가 갖고 있는 악기를 다섯 번

친다. 마치 합주를 하는 것 같은 효과를 느낄 수 있다. (예 : "한 걸음", "짝짝
짝 짝짝!"/"두 걸음 가다가", "쿵쿵 쿵 쿵쿵!")

05 특정 단어가 나오면 전체가 책상 치기

1 특정 단어가 나오면 그 단어를 읽지 않고 다 같이 책상을 가볍게 두드
린다. (예 : 만약 '걸음'이란 단어에서 책상을 친다면 '한 걸음 두 걸음 가다가는' → "한
쿵쿵! 두 쿵쿵! 가다가")

2 규칙은 새롭게 정할 수가 있다.

06 몸으로 흉내 내며 읽기

1 모양을 흉내 내는 문장은 모양을 흉내 내며 읽는다. (예 : '살금살금'은 뒤꿈치
를 들고 걸어가는 흉내를 내며 읽는다.)

2 소리를 흉내 내는 문장은 소리를 흉내 내며 읽는다. (예 : '으르렁 드르렁'은 사
자가 코 고는 흉내를 내며 읽는다.)

▲ ● ○
놀이의 팁 Tip

- 소모둠은 대모둠보다 읽을 기회가 많아지므로, 소모둠으로 활동하는 것이
  좋다.
- 전체 반 학생들이 다 함께 참여하면 소모둠으로 나누었을 때보다 더 집중
  력 있게 활동하는 모습을 볼 수 있다.

03 자연과 대화하기

• 관련 단원 1-1 국어 9단원, 2-1 국어 1단원, 2-2 국어 1단원

자연의 고마움을 느끼면서 나만의 상상을 펼칠 수 있는 놀이다. 〈나도 시인 되어보기〉, 〈자연의 소리 들어보기〉, 〈자신 있게 말하기〉 등의 단원에 적용할 수 있다.

01 나무의 소리 듣기

1 나무에 귀를 대본다.

2 나무가 무슨 말을 하는지 들어본다. (예 : 나무가 아프다고 그래요.)

3 나무가 무슨 이야기를 했는지 선생님과 함께 이야기를 나눈다. (예 : 나무가 고맙다고 그랬어요.)

4 선생님은 나무의 마음을 우리가 상상해서 이야기하는 것임을 알려주고 학생들이 상상하며 말할 수 있도록 유도한다.

02 나무에게 질문하기

1 나무에게 말을 걸어본다. (예 : 나무야! 너는 기분이 좋니?)

2 나무가 무슨 말을 하는지 들어본다.

3 나무가 한 이야기를 친구에게 들려준다. (예 : 나무가 친구가 없어서 외롭대. 그래서 내가 친구해 주겠다고 했어.)

03 꽃과 대화하기

1 꽃에게 말을 걸어본다. (예 : 노랑꽃아, 너는 참 예쁘구나!)

2 꽃이 무슨 말을 하는지 들어본다. (예 : 내가 예쁘지 않으면 벌이 안 와. 그래서 노란색으로 벌을 부르고 있는 거야.)

3 꽃과 무슨 말을 했는지 친구들과 함께 이야기해 본다. 이야기할 때는 바른 자세로 자신 있게 말할 수 있도록 한다.

04 돌과 대화하기

1 돌을 두 개 주워 와 귀에 대본다.

2 무슨 소리가 들리는지 상상해 본다.

3 돌 두 개를 두드려 소리를 내보며 무슨 말을 하는지 들어본다.

4 돌과 나눈 대화를 친구들과 함께 이야기한다. (예 : 파도 소리가 들려, 바닷가에서 왔대, 새소리가 그립대, 산 속에서 살다가 왔대 등)

04 나도 작사가

• **관련 단원** 1-2 국어 5단원, 2-1 국어 1단원

노래 부르기는 저학년들이 가장 즐겨하는 활동이다. 학생들은 노래를 통해 공동체의식을 느끼며 소속감을 가진다. 특히 즐겨 불렀던 노래의 노랫말을 개사하는 활동은 언어 능력를 키우는 데 도움이 되며 학생들의 참여도가 높은 놀이다. 배우기 쉬운 노래를 선택해야 효과가 높으며 학생들의 상상력을 키우는 데도 도움이 된다.

01 〈우리 모두 다 같이〉 노래 개사하기

1 모두 다함께 〈우리 모두 다 같이〉 노래를 부른다.
"우리 모두 다 같이 손뼉을 (짝짝) / 우리 모두 다 같이 손뼉을 (짝짝) / 우리 모두 다 같이 즐겁게 노래해 우리 모두 다 같이 손뼉을 (짝짝)"

2 다음과 같이 개사하여 부를 수 있다.
"우리 모두 다 같이 말해요 (자신 있게) / 우리 모두 다 같이 말해요 (자신 있

게) / 우리 모두 다 같이 자신 있게 말해요 우리 모두 다 같이 말해요 (자신 있게)"

○ ● ▲
02 〈우리 모두 다 같이〉 동작을 만들고 노래하기

1 네 명을 한 모둠으로 한다. 〈우리 모두 다 같이〉 노래를 개사하고 율동을 만든다.

2 모둠별로 율동을 만들어서 앞에 나와 노래를 부른다.

"우리 모두 다 같이 축구를 (뻥뻥) / 우리 모두 다 같이 야구를 (홈런!) / 우리 모두 다 같이 즐겁게 노래해 우리 모두 다 같이 순서대로 (뻥뻥, 홈런!)"

"우리 모두 다 같이 칭찬을 (굿잡) / 우리 모두 다 같이 인사를 (안녕) / 우리 모두 다 같이 즐겁게 노래해 우리 모두 다 같이 순서대로 (굿잡, 안녕)"

"우리 모두 다 같이 엉덩이를 (씰룩) / 우리 모두 다 같이 어깨를 (으쓱) / 우리 모두 다 같이 즐겁게 노래해 우리 모두 다 같이 순서대로 (씰룩, 으쓱)"

"우리 모두 다 같이 방구를 (뽕뽕) / 우리 모두 다 같이 소리를 (야호)/우리 모두 다 같이 즐겁게 노래해 우리 모두 다 같이 순서대로 (뽕뽕, 야호)"

○ ● ▲
03 〈오 하늘에서 사탕이 내려온다면〉 개사하기

1 다 같이 〈오 하늘에서 사탕이 내려온다면〉 노래를 부른다. 인터넷을 이용해 음악을 들어도 좋다.

"하늘에서 사탕이 내려온다면 얼마나 좋을까 / 사과사탕 딸기사탕 바나나 사탕 입을 크게 벌리고 다닐 거야 / 아아아 아아아 아아아아 아아아 아아아 아아아아 / 하늘에서 사탕이 내려온다면 얼마나 좋을까"

2 각자 가사를 바꾸어 노래를 불러본다.

"하늘에서 장난감이 내려온다면 얼마나 좋을까~ 잠자리채 가지고 다닐
거야~"

3 각자 하늘에서 무엇이 내려오기를 바랐는지 친구들끼리 이야기를 나누어
본다. 이야기를 나누면서 친구의 마음을 이해할 수 있게 된다.

05 빙고 게임

- **관련 단원** 1-1 국어 2단원, 1-2 국어 5단원
- **준비물** 활동지

짧은 시간 안에 활동이 가능하고 누구나 쉽게 할 수 있어 학생들의 참여도가 높은 놀이다. 다양한 교과에서 다양한 방법으로 활용할 수 있는 활동이다.

01 봄에 피는 꽃

1 9칸 또는 16칸의 사각형을 그린다.
2 봄에 피는 꽃을 쓰고, 돌아가면서 봄에 피는 꽃을 말한다.
3 친구가 말한 것과 같은 꽃이 있으면 그 칸에 색칠을 한다.
4 가로, 세로, 대각선 중 한 줄이 완성되면 "빙고!"라고 외친다.

개나리	진달래	목련
벚꽃	철쭉	영산홍
매화	냉이꽃	민들레

02 주사위 한글

1 9칸 또는 16칸의 사각형을 그린다.

2 주사위에 여섯 가지 단어를 붙인다. (예 : 사자, 호랑이, 사슴, 토끼, 거북이, 기린)

3 각자 종이 빈칸에 여섯 가지 단어를 마음대로 쓴다. 중복해서 써도 된다.

4 짝과 가위바위보를 해서 이긴 사람이 먼저 주사위를 던지고, 나온 단어를 색칠한다.

5 가로, 세로, 대각선 중 한 줄이 완성되면 "빙고!"라고 외친다.

사자	사슴	호랑이
거북이	기린	토끼
사자	기린	사슴

사슴	사슴	토끼
기린	기린	토끼
호랑이	거북이	사자

놀이의 팁 Tip

- 선생님은 학생들이 한 번에 한 곳에만 색칠을 하도록 하고 주사위는 번갈아가면서 던질 수 있게 지도한다.
- 이 외에도 교실에 있는 친구 이름, 직업 이름, 동화책 제목, 다리가 네 개인 동물 이름, 한글 자음자, 한글 모음자 빙고 등으로 변형할 수 있다.

06 다섯 고개 넘기

- **관련 단원** 1-1 국어 7단원, 1-2 국어 4단원, 2-1 국어 4단원, 2-2 국어 3단원
- **준비물** 활동 카드, 직업 카드, 동물 카드

다섯 번의 질문이나 힌트를 주고 답을 알아맞히는 놀이다. 여러 교과와 단원에서 활용이 가능하고 학생들의 참여도가 높은 활동이다.

01 초성을 보고 글자 맞히기

1   다섯 명을 한 모둠으로 하고 각 모둠에서 한 사람씩 나와 문제를 낸다.

2   문제를 내는 사람은 자기가 생각한 글자의 초성만 칠판에 쓴다. (예 : '원숭이'를 생각했다면 칠판에 'ㅇ, ㅅ, ㅇ'을 써놓는다.)

3   맞히는 사람은 한 번에 한 가지 질문을 한다. (예 : 음식입니까? 동물입니까? 등)

4   문제를 낸 사람은 "예" 또는 "아니오"라고만 말한다.

5   네 번의 질문을 하고 다섯 번 안에는 답을 맞힌다.

6   학생들의 수준에 따라 열 고개를 할 수도 있다.

02 힌트를 듣고 단어 맞히기

1 다섯 명을 한 모둠으로 하고 각 모둠에서 한 사람씩 나와 문제를 낸다.

2 문제를 내는 사람은 자기가 생각한 단어에 대한 다섯 개의 힌트를 알려
   준다. (예 : 만약 개미를 생각했다면, 곤충입니다. 집단생활을 합니다. 땅속에서 생활합
   니다. 허리가 날씬합니다. 나는 누구일까요?)

3 정답을 맞힌 사람이 이어서 다음 문제를 낸다.

4 한 모둠에서 문제를 내고 다른 모둠에서 문제를 맞히는 모둠별 활동을 해
   도 좋다.

03 표정과 동작을 보고 단어 맞히기

1 다섯 명을 한 모둠으로 하고 각 모둠에서 한 사람씩 나와 문제를 낸다.

2 문제를 내는 사람은 자기가 생각한 단어에 대한 다섯 개의 힌트를 동작으
   로 친구들에게 보여준다.

3 다섯 개의 힌트가 어려우면 같은 동작을 두 번 해도 좋다. (예 : 만약 벌을 생
   각했다면, 날아다니는 흉내를 낸다, 꿀을 빨아 먹는 흉내를 낸다, 꽃에 앉는 흉내를 낸다,
   "윙윙" 소리를 낸다, 나는 누구일까요?)

04 역할극을 보고 문장 맞히기

1 네 명을 한 모둠으로 모둠별 활동을 한다.

2 모둠에서 한 사람이 나와서 활동 카드를 뽑는다.

3 활동 카드를 보고 각자의 역할을 모둠에서 정하고 다섯 개의 힌트를 천천

히 친구들에게 보여준다.

4 한 모둠이 발표를 하고 다른 모둠은 답을 맞힌다. 주제가 맞으면 맞는 것으로 간주한다.

5 다음은 활동 카드의 예시이다.

"두 사람이 달리기를 하는 자세를 취한다. 한 사람은 스타트 건을 쏘는 흉내를 낸다. 한 사람은 껑충껑충 뛰고 한 사람은 기어간다. 뛰던 사람이 잠을 잔다. 기어가던 사람은 땀을 닦는다. 기어가던 사람이 만세를 부른다. 다른 사람들은 박수를 친다. 무슨 내용일까요?"

"토끼가 임금님 앞에 잡혀 왔습니다. 거북이가 토끼의 배를 가르자고 합니다. 토끼가 안 된다고 합니다. 내 뱃속에는 간이 없다고 합니다. 거북이 등을 타고 육지로 나옵니다. 토끼가 '안녕!' 하고 도망갑니다. 무슨 내용일까요?"

"흥부가 제비 다리를 고쳐줍니다. 제비가 고맙다고 인사하고 날아갑니다. 흥부가 박을 가릅니다. 금이 쏟아집니다. 흥부가 춤을 춥니다. 놀부가 제비를 잡아 다리를 부러뜨립니다. 무슨 내용일까요?"

◁ ● ▲
05 직업 알아맞히기

1 네 명을 한 모둠으로 모둠별 활동을 한다.

2 모둠에서 한 사람이 나와서 직업 카드 한 개를 뽑는다.

3 카드를 뽑은 사람은 친구들에게 어떻게 힌트를 줄지 생각한다.

4 한 사람이 발표를 하고 다른 사람은 직업을 맞힌다. 힌트는 말이나 표정, 행동으로 할 수 있으며 다섯 개까지 줄 수 있다. 주제가 맞으면 맞는 것으로 간주한다.

5 문제의 답을 맞힌 사람이 1점을 획득하고 답을 맞힌 사람이 다른 문제를 낸다.

06 동물 알아맞히기

1 네 명을 한 모둠으로 모둠별 활동을 한다.

2 모둠에서 한 사람이 나와서 동물 카드 한 개를 뽑는다.

3 카드를 뽑은 사람은 친구들에게 어떻게 힌트를 줄지 생각한다.

4 한 사람이 발표를 하고 다른 사람은 동물 이름을 맞힌다. 힌트는 말이나 표정, 행동으로 할 수 있으며 다섯 개까지 줄 수 있다. 주제가 맞으면 맞는 것으로 간주한다. (예 : 만약 오리라면 동물입니다, 다리가 2개입니다, 주로 물에서 생활합니다, 뒤뚱뒤뚱 걷습니다 등)

5 문제의 답을 맞힌 사람이 1점을 획득하고 답을 맞힌 사람이 다른 문제를 낸다.

07 이야기 꾸미기

• **관련 단원** 1-1 국어 7단원, 1-2 국어 1단원, 1-2 국어 10단원, 2-1 국어 9단원, 2-2 국어 2단원
• **준비물** 활동 카드, 피구공, 붙임 종이

하나의 장면을 보고 앞과 뒤에 이어질 내용을 상상하거나 추리하는 놀이로 상상력을 키우는 데 도움이 되는 활동이다.

△ ● ▲
01 꾸며주는 말을 넣어 문장 꾸미기

1 네 명을 한 모둠으로 모둠별 활동을 한다.

2 선생님은 활동 카드에 다음과 같이 문장을 써놓는다.
"거북이가 기어갑니다, 사자가 울고 있습니다, 기린이 걸어갑니다, 강아지가 걸어갑니다, 동생이 춤을 춥니다, 아버지께서 운전을 하십니다, 눈이 옵니다, 벚꽃이 피었습니다, 운동장으로 나갔습니다, 점심시간입니다 등."

3 모둠에서 한 사람이 나와서 활동 카드를 뽑는다.

4 모둠에서는 한 사람씩 꾸미는 말을 넣어 문장을 점점 더 길게 만든다. '거북이가 기어갑니다'라는 카드를 갖고 왔다면, 한 사람이 '거북이가 엉금엉금 기어갑니다.' 하면 다음 사람은 '배가 부른 거북이가 엉금엉금 기어갑니다. → 배가 부른 거북이가 알을 낳으려고 엉금엉금 기어갑니다. → 배가 부른 거북이가 알을 낳으려고 산으로 엉금엉금 기어갑니다. → 배가 부른 거북이가 알을 낳으려고 산으로 엉금엉금 기어가서 땅을 팝니다.'

5 말이 이어지지 않을 때까지 계속한다.

6 다른 활동 카드를 바꿔서 계속한다.

02 꾸며주는 말을 넣어 자연스러운 문장 만들기

1 네 명을 한 모둠으로 모둠별 활동을 한다.

2 선생님은 각 모둠에 다음과 같은 문장이 있는 카드를 하나씩 나눠준다.
"지난 주말 나는 농장 체험을 다녀왔습니다. 연못 속에는 개구리가 (   )
울고 있었습니다. 밭에는 잘 익은 포도가 (   ) 열렸습니다. 나는 포도를
따서 바구니에 담았습니다. (   )대는 달구지를 타고 돌아왔습니다. 송아
지가 (   ) 하며 울었습니다. 할머니께 포도를 드렸더니 좋아하셨습니다."

3 모두에게 붙임 종이를 나눠준다. 각자 붙임 종이에 모양을 흉내 내는 말이
나 소리를 흉내 내는 말을 적는다. (예 : 덜그덕, 아장아장, 사뿐사뿐, 쾅, 쿵, 철썩,
쏴악쏴악, 풍덩, 펄쩍, 음메, 주렁주렁, 개굴개굴, 끼룩끼룩, 짹짹, 첨벙첨벙 등)

4 붙임 종이를 모아서 괄호에 어떤 말을 넣어야 자연스러울지 다 같이 의논
한다.

5 모둠에서는 한 사람씩 쓴 말을 괄호 안에 넣어 발표를 한다.

03 공놀이 하며 이야기 꾸미기

1 여섯 명씩 한 모둠으로 모둠별 활동을 한다.

2 모둠에서 공을 가진 첫 번째 주자가 나와서 활동 카드를 뽑는다.

3 선생님은 활동 카드에 다음과 같이 한 문장을 써놓는다.
"거북이가 기어갑니다, 사자가 울고 있습니다, 기린이 걸어갑니다, 강아지
가 걸어갑니다, 동생이 춤을 춥니다, 아버지께서 운전을 하십니다, 눈이 옵
니다, 벚꽃이 피었습니다, 학교에 갑니다, 축구를 합니다 등"

4 첫 번째 주자가 활동 카드의 문장을 읽고 공을 다른 사람에게 던진다. 예

를 들어 "아버지께서 운전을 하십니다" 문장을 읽었다면 공을 넘겨받은 사람은 앞사람의 이야기를 받아 다른 문장을 만든다. "아버지께서는 지금 식구들과 함께 부산에 가는 길입니다."

5 이야기를 덧붙이고 공을 또 다른 사람에게 던진다. 공을 던지다 떨어지면 던진 사람이 공을 주워서 다시 던진다. 공을 받은 사람은 또 이야기를 만든다. "운전을 하시다가 휴게소에 들렀습니다." "아버지께서 피곤하다고 하십니다." 등등 말이 이어지지 않을 때까지 계속한다.

6 다른 활동 카드로 바꿔서 계속한다.

▲ ● △
놀이의 팁 Tip

• 문장을 만들기 힘들어하는 학생들은 선생님이나 친구들의 도움을 받을 수 있도록 한다.

08 끝말 이어가기

• 관련 단원 1-1 국어 4단원, 1-2 국어 2단원, 2-1 국어 5단원, 2-2 국어 3단원

평소 쉬는 시간에도 할 수 있는 간단한 놀이로 단원의 마무리 단계에서 활용해도 좋은 활동이다. 어느 장소에서나 최소 두 명만 있어도 쉽게 할 수 있어 학생들의 참여도가 높으며 단어를 익히기에 도움이 된다.

놀이 방법

1 반 전체가 원형으로 둘러앉는다.
2 앞 문장에 맞추어 문장을 이어 말한다.
   "원숭이 엉덩이는 빨개, 빨가면 앵두, 앵두는 동그래, 동그라면 골프공, 골프공은 딱딱해, 딱딱하면 돌멩이, 돌멩이는 무거워, 무거우면 냉장고 등"
3 위의 예시와 같이 어울리는 말을 연결하며 진행되는 게임이다. 문장이 어색하다면 친구의 도움을 받아 다른 말로 바꿀 수 있다.

09 짝 찾기

- **관련 단원** 1-1 국어 4단원, 1-2 국어 2단원, 2-1 국어 5단원, 2-2 국어 2단원
- **준비물** 글자 카드

한글의 가장 기본이 되는 자음자와 모음자로 글자 만들기를 하는 활동이다. 단어의 조합을 배우기에 좋은 활동이며 학생들의 참여도가 높은 편이다.

△ ● ▲
01 자음자와 모음자로 글자 만들기

1. 자음자를 쓴 카드와 모음자를 쓴 카드를 상자에 넣는다.
2. 학생들 모두 상자에서 카드를 하나씩 꺼낸다.
3. 교실을 돌아다니면서 글자를 만들 수 있는 사람을 찾아다니다 자음자와 모음자를 가진 사람이 모여 글자를 만든다. 예를 들어 세 명이 모여 '강', 두 명이 모여 '고', '소' 등을 만들 수 있다.
4. 만든 글자를 칠판에 붙이고 무슨 글자가 만들어졌는지 읽어본다.

02 한 글자로 낱말 만들기

1 한 글자를 쓴 카드를 상자에 넣는다.

2 학생들 모두 카드를 하나씩 꺼낸다.

3 교실을 돌아다니면서 낱말을 만들 수 있는 사람을 찾아다니다 내가 가진 글자와 상대방의 글자를 조합하여 낱말을 만든다. 예를 들어 세 명이 모여 '강아지', 두 명이 모여 '고개', '소라' 등을 만들 수 있다.

4 만든 낱말을 칠판에 붙이고 무슨 낱말이 만들어졌는지 읽어본다.

03 낱말로 문장 만들기

1 낱말을 쓴 카드를 상자에 넣는다.

2 학생들 모두 카드를 하나씩 꺼낸다.

3 교실을 돌아다니면서 문장을 만들 수 있는 사람을 찾아다니다 내가 가진 낱말과 상대방이 가진 낱말을 조합하여 문장을 만든다. 예를 들어 두 명이 모여 '감기에 / 걸렸다', 세 명이 모여 '고구마가 / 너무 / 맛있다', 네 명이 모여 '학교 / 진달래꽃이 / 활짝 / 피었다' 등을 만든다.

4 만든 문장을 칠판에 붙이고 어떤 문장이 만들어졌는지 읽어본다.

10 한글 아트

- **관련 단원** 1-1 국어 6단원, 1-2 국어 3단원, 2-1 국어 6단원
- **준비물** 활동지, 색연필

한글을 익히며 미술 활동도 할 수 있어 저학년에 적합한 놀이다.

△●▲
01 ㄱ이 들어간 글자 찾기

1 ㄱ이 들어간 글자를 찾아 노란색을 칠한다.

ㄱ이 들어간 글자 찾기					학년 반 번호		
					이름		
상	표	자	동	차	도	서	실
국	가	고	기	개	디	고	추
나	단	무	지	구	미	건	강
리	슬	한	강	리	나	경	찰
장	미	교	미	나	리	기	보
미	술	실	물	밤	노	래	방
공	기	학	교	급	식	교	사
사	랑	새	아	표	지	석	비
도	로	남	자	우	밀	가	루

2 어떤 글자가 만들어졌는지 읽어본다.

02 낱말이 되는 글자 찾기

1 친구와 가위바위보를 해서 이긴 사람부터 오른쪽, 왼쪽, 위아래로 연결해서 낱말이 되는 글자를 찾아 색을 칠한다.

2 서로 다른 색 색연필을 사용하도록 한다.

3 무슨 낱말이 만들어졌는지 읽어본다.

4 더 이상 낱말을 만들 수 없으면 게임은 끝난다.

5 낱말을 찾은 수만큼 점수를 얻는다.

낱말이 되는 글자 찾기					학년 반 번호		
					이름		
상	표	자	동	차	도	서	실
국	가	고	기	개	디	고	추
나	단	무	지	구	미	건	강
리	슬	한	강	리	나	경	찰
장	미	교	미	나	리	기	보
미	술	실	물	밤	노	래	방
공	기	학	교	급	식	교	사
사	랑	새	아	표	지	석	비
도	로	남	자	우	밀	가	루

03 낱말을 찾아 여러 모양 만들기

1 짝과 함께하는 짝 활동이다.

2 '가' 자를 찾아 노란색을 칠한다.

낱말을 찾아 여러 모양 만들기					학년 반 번호		
					이름		
파	가	자	자	차	카	가	파
가	사	가	디	라	가	마	가
가	너	나	가	가	누	오	가
가	더	구	가	가	두	수	가
가	러	부	수	우	루	구	가
가	머	주	추	크	무	누	가
거	가	후	푸	투	부	가	이
겨	버	가	머	브	가	스	으
자	어	저	가	가	커	퍼	허

3 어떤 모양이 만들어졌는지 짝과 이야기를 나누어본다.

4 서로 활동지를 바꾸어 풀어본다.

5 짝과 함께 활동지에 하트 모양뿐 아니라 세모 모양, 원 모양 등 여러 모양 으로도 만들어본다.

04 낱말 이어가기

1 짝과 함께하는 짝 활동이다. 서로 다른 색 색연필을 사용한다.

2 가위바위보를 해서 이긴 사람이 먼저 활동지 가운데에 낱말을 쓴다.

3 다른 친구가 그 글자를 이용하여 단어를 이어서 쓴다. 음절에 제한을 두어도 좋다. (예 : 2음절로 된 낱말 만들기, 3음절로 된 낱말 만들기 등)

4 더 이상 낱말을 만들 수 없으면 게임은 끝난다.

5 낱말을 만든 수만큼 점수를 얻는다.

낱말 이어가기					학년 반 번호		
					이름		
			발	전	소		
				기			
		자	동	차			
		가					
	미	용	실				
			내				
			화				

11 보드 놀이

- **관련 단원** 1-1 국어 4단원, 1-2 국어 3단원, 2-1 국어 5단원, 2-2 국어 2단원
- **준비물** 보드 놀이판, 말

주사위나 가위바위보로 말의 이동 거리를 정할 수 있으며 여러 교과와 단원에서 활용이 가능한 놀이다. 사다리를 타고 위로 올라가거나 뱀처럼 아래로 내려가기 등의 변화를 주며 재미있게 즐길 수 있는 활동이다.

△ ● ▲
01 자음자 모음자 익히기

1   짝과 함께하는 짝 활동이다.
2   가위바위보를 해서 가위로 이기면 한 칸, 바위로 이기면 두 칸, 보로 이기면 세 칸 앞으로 말을 옮긴다. 말이 놓인 곳의 글자를 크게 읽는다.

출발!	ㅂ	ㄴ	ㄷ	ㅏ	ㅑ	ㄹ	ㅁ
							ㅐ
ㅎ	ㅣ	ㅗ	ㅌ	ㅡ	도착!		ㅠ
ㅋ							ㅇ
ㅛ	ㅍ	ㅅ	ㅕ	ㅓ	ㅈ	ㅜ	ㅊ

3 도착 지점까지 먼저 도착하는 사람이 승리한다. 글자를 모를 때는 친구의 도움을 받을 수 있다.

02 낱말 익히기

1 짝과 함께하는 짝 활동이다.

2 친구와 가위바위보를 해서 이긴 사람이 먼저 주사위를 던져 말을 놓는다. 말이 놓인 곳의 글자를 크게 읽는다.

3 도착 지점까지 먼저 도착하는 사람이 승리한다. 글자를 모를 때는 친구의 도움을 받을 수 있다.

출발!	꽃	나라	개나리	가지	토마토	키위	보물
							사과
학교	책상	동생	친구	가방	도착!		꽝! 다음에 1번 쉬기
꽝! 다음에 1번 쉬기							호박
흥부	다람쥐	개미	토끼	왜가리	게	돼지	진달래

03 주사위로 수 익히기

1 짝과 함께하는 짝 활동이다.

2 가위바위보를 해서 이긴 사람이 먼저 주사위를 던져 말을 놓는다. 말이 놓인 곳의 수를 크게 읽는다.

3 도착 지점까지 먼저 도착하는 사람이 승리한다. 수를 모를 때는 선생님이나 친구의 도움을 받을 수 있다.

출발!	6	5	4	3	5보다 1 큰 수	4보다 1 작은 수	둘
							다섯
4+2	5보다 2 작은 수	4보다 3 큰 수	넷	8	도착!		꽝! 다음에 1번 쉬기
꽝! 다음에 1번 쉬기							4보다 2 작은 수
3+2	5-1	3+2	1+1	9	여덟	일곱	4보다 2 큰 수

▲ ● △

놀이의 팁 **Tip**

• 빈 활동지를 주고 스스로 문제를 만들게 해도 좋다.

12 찰떡궁합

- **관련 단원** 2-1 국어 8단원, 2-2 국어 7단원
- **준비물** 붙임 종이, 칭찬 카드

짝이 되는 단어를 찾거나 인과관계가 어울리는 문장을 만드는 활동이다. 저학년 학생들은 문장을 길게 쓰면 다소 어려워할 수 있으므로 짧은 문장을 쓰도록 하는 것이 좋다.

01 두 명이 원인과 결과가 맞게 글쓰기

1   두 명을 한 모둠으로 모둠 수업을 한다.
2   선생님은 모둠별로 학생 한 명은 노란색 붙임 종이를 다른 한 명에게는 파란색 붙임 종이를 나눠준다.
3   선생님은 "지난 토요일 여러분은 무슨 일을 했나요?" 하며 상황 글을 제시한다.
4   노란색 붙임 종이를 가진 사람은 일이 일어난 원인을 쓴다.
5   문장의 작성 능력에 따라 길거나 짧게 쓸 수 있다. 쓴 내용을 친구에게 보

여준다. (원인 : "(지난 토요일) 나는 (가족과 함께) 공원에 갔어요.")

6   파란색 종이를 가진 사람은 친구가 쓴 내용에 맞는 결과를 쓴다. (결과 : "나는 즐거웠어요.")

7   두 명씩 일어나 쓴 내용을 모든 친구들에게 읽어준다. 먼저 원인을 읽고 다음에 결과를 읽는다.

8   예시와 같이 원인과 결과가 잘 어울리면 박수를 쳐준다.

9   선생님은 원인과 결과가 잘 맞아떨어진 모둠에게 칭찬 카드를 준다. '훌륭합니다', '완벽합니다' 와 같은 칭찬 카드를 활용하면 좋다.

10 원인과 결과의 역할을 바꾸어서 반복한다.

02 네 명이 원인과 결과가 어울리게 짝 맞추기

1   네 명을 한 모둠으로 모둠 수업을 한다.

2   두 명에게 노란색 붙임 종이를, 다른 두 명에게는 파란색 붙임 종이를 나눠준다.

3   노란색 붙임 종이를 받은 두 명은 원인을, 파란색 붙임 종이를 받은 두 명은 결과를 쓴다. 이때 종이를 친구에게 보여주거나 내용을 말하지 않도록 한다.

4   다 쓴 후 네 명이 원인과 결과가 맞게 짝을 맞춰본다.

5   모둠별로 정리한 내용을 발표하고 선생님은 원인과 결과가 잘 어울리는 모둠에게 칭찬 카드를 준다.

03 원인과 결과 카드를 뽑아 맞는 짝 찾기

1   선생님은 미리 만들어놓은 카드를 상자에 넣는다. 노란색 카드에는 원인을, 파란색 카드에는 결과를 써놓는다.

2   모두 카드를 하나씩 꺼낸다.

3   교실을 돌아다니면서 원인과 결과가 자연스럽게 연결되는 사람을 찾는다.

4   원인과 결과가 자연스럽게 연결되는 친구를 찾은 사람은 칠판에 카드를 붙이고 무슨 문장이 만들어졌는지 읽어본다. (예 : 비오는 날 우산이 없어 비를 흠뻑 맞았습니다. 그래서 감기에 걸렸습니다.)

5   선생님은 원인과 결과가 잘 어울리게 짝을 찾은 학생들에게 칭찬 카드를 준다.

04 원인과 결과를 직접 써넣고 맞는 짝 찾기

1   모든 학생을 반으로 나눈다.

2   반은 노란색 붙임 종이를, 반은 파란색 붙임 종이를 준다.

3   노란색에는 원인을 쓰고, 파란색에는 결과를 쓴다. 쓰여 있는 내용을 보여주거나 말하지 않도록 한다.

4   돌아다니면서 원인과 결과가 잘 연결되는 사람을 찾는다.

5   원인과 결과가 자연스럽게 연결되는 사람을 찾은 사람은 칠판에 그 문장을 붙이고 무슨 문장이 만들어졌는지 읽어본다. (예 : 나는 지금 구름 위를 날아가는 것 같습니다. 왜냐하면 친구에게 칭찬을 들었기 때문입니다.)

6   선생님은 원인과 결과가 잘 어울리게 쓴 학생들에게 칭찬 카드를 준다.

13 떴다 떴다 비행기

- **관련 단원** 1-1 국어 4단원
- **준비물** A4 종이, 색종이

종이비행기에 꿈을 적어서 하늘 높이 날려보는 놀이다. 진로 시간에 활용하기 좋은 활동이며 학생들이 서로의 꿈에 대해 얘기해 볼 수 있는 시간을 가질 수 있다.

01 나의 꿈을 비행기에 실어 날리기

1 반 전체가 종이비행기를 만들어 나의 꿈을 적고 하늘 높이 날려본다.
2 선생님은 꿈을 적지 못하는 학생들을 위해 칠판에 직업의 이름을 적어 준다.
3 서로 돌아가며 나의 꿈을 이루기 위해 해야 할 일을 발표한다.

02 비행기에 나를 소개할 내용을 적고 날리기

1 반 전체가 종이비행기를 만들어 나를 소개하는 글을 적는다. 예를 들어 내가 잘하는 것, 내가 좋아하는 것, 내가 제일 잘 먹는 음식, 우리 가족 식구 수, 가장 친한 친구 이름 등을 적는다.

2 각자의 자리에서 교탁 쪽으로 비행기를 날리고 선생님은 비행기를 하나씩 주워서 읽어준다.

3 학생들은 선생님이 읽어주는 내용을 듣고, 누구를 소개하는지 알아맞힌다.

14 낱말 카드로 문장 만들기

• **관련 단원** 2-1 국어 11단원, 2-2 국어 7단원
• **준비물** 낱말 카드

연관성이 없는 단어들을 연결하여 자연스러운 문장을 만드는 놀이로 상상력과 창의력을 기르는 데 도움이 되는 활동이다.

△ ● ▲ 놀이 방법

1 두 명이 함께하는 짝 활동이다.
2 여러 개의 낱말 카드를 보이지 않게 뒤집어서 책상 위에 올려놓는다.
3 짝과 가위바위보를 해서 이긴 사람이 먼저 낱말이 보이도록 카드 세 개를 뒤집는다.
4 만약 '자동차, 사자, 하늘'이라는 낱말을 뽑았다면 '사자가 날개 달린 자동차를 타고 하늘로 여행을 떠났습니다.'라는 문장을 만든다.
5 뒤집은 낱말로 자연스러운 문장을 만들면 1점을 획득한다. 다시 카드를 뒤집어놓고 다음 사람과 교대한다.
6 제한된 시간에 점수를 많이 획득한 사람이 승리한다.
7 짝을 바꾸어가며 활동한다.

15 자기소개하기

• **관련 단원** 2-2 국어 6단원

다양한 표정을 지으면서 친구들에게 자기를 소개하는 놀이로 자신의 장점과 특징을 자신 있게 소개하는 능력을 길러주며 자신감을 형성하는 데 도움이 되는 활동이다.

놀이 방법

1 반 전체를 두 팀으로 나누고 각 팀끼리 원형으로 둘러앉는다.
2 처음 사람이 옆 사람에게 코끼리 흉내를 내면서 "안녕하세요? 김동석입니다."라고 말한다.
3 인사를 받는 사람은 인사를 한 사람과 같은 코끼리 흉내를 내면서 "반갑습니다." 하고 화답하고 옆 사람에게 다른 흉내를 내며 자기를 소개한다. 예를 들어 원숭이 흉내를 내면서 "안녕하세요? 이영희입니다."라고 할 수 있다.
4 이렇게 반복하다가 인사를 빨리 끝내는 팀이 승리한다.

5　친구가 앞서 했던 동작과 똑같은 흉내를 내면 지게 되므로 선생님은 학생들이 다양한 표정을 연습하거나 생각하도록 한다.

▲ ● △
놀이의 팁 Tip

* 신학기가 되면 한 사람씩 교단 앞으로 나와서 자기를 소개하는 시간을 갖는다. 첫 만남이라 서로를 알지 못하는 데다가 긴장을 해서 앞에 나와서 겨우 자기 이름만 말하고 들어가는 학생이 많다. 이런 경우에는 정면을 바라보는 대형보다는 둥글게 앉히는 것이 좋다. 둥글게 앉아서 재미있는 동작과 함께 친구에게 자기를 소개한다면 자연스럽고 친밀한 분위기를 만들수 있다.

16 학교에 가면

• **관련 단원** 1-1 국어 6단원, 1-2 국어 3단원, 2-2 국어 3단원

'아이 엠 그라운드' 게임으로 학생들이 자주 하는 놀이다. 학생들에게 익숙한 활동이라 별다른 연습 없이도 쉽게 할 수 있다.

01 학교에 있는 것 말하기

1 다 함께 둥글게 모여 앉는다.
2 기본 4박자를 치며(무릎 한 번, 손뼉 한 번, 오른손 엄지, 왼손 엄지) 다 같이 "아이 엠 그라운드 학교 소개하기" 하면 선생님이 먼저 "보건실" 하고 학교와 관련된 단어를 말한다.
3 옆에 앉은 학생이 이어서 4박자를 맞추며 "교무실", 옆에 있는 학생이 또 "교장실" 하고 이어간다.
4 이름을 대지 못하거나 박자가 맞지 않으면 벌점을 얻는다.
5 여덟 명을 한 모둠으로 활동하면 좋다.

02 학교에 있는 것 반복하며 말하기

1 다 함께 둥글게 모여 앉는다.
2 선생님이 먼저 "학교에 가면 보건실도 있고" 하고 시작한다. 옆 사람이 받아서 "학교에 가면 보건실도 있고, 도서실도 있고" 한다. 이렇게 열 명까지 이어서 한다. 외우기가 힘들면 여섯 명을 한 모둠으로 활동해도 좋다.

17 흉내 내기

• **관련 단원** 1-1 국어 4단원, 1-2 국어 2단원, 2-1 국어 8단원, 2-2 국어 11단원
• **준비물** 색종이

색종이로 동서남북 접기를 한 후 동물 이름을 적고 동물 소리나 모양을 흉내 내는 놀이다. 동물 이름을 적으며 한글을 익힐 수 있고, 동물을 흉내 내면서 표현의 자신감을 키울 수 있는 활동이다.

놀이 방법

1 색종이로 동서남북을 접고 겉에 동서남북을 쓰고, 안쪽에 여러 동물 이름을 쓴다.
2 친구를 만나 가위바위보를 한다. 진 사람이 "동쪽에서 세 번"이라고 말했다면 이긴 사람은 세 번을 접었다 폈다 하고 동쪽에 있는 동물 이름을 불러준다. '고양이'라는 단어가 있으면 "고양이 흉내 내봐" 한다. 진 사람은

고양이 소리나 고양이 흉내를 낸다.

3 다른 친구를 만나 같은 놀이를 계속한다.

18 만세 놀이

- **관련 단원** 1-1 국어 6단원
- **준비물** 빙고판

ㄱ부터 ㅎ까지 자음 첫 자로 시작하는 동물 이름을 쓰고 선생님이 부르는 단어가 나오면 다 같이 "만세"를 외치는 활동으로 선생님이 부를 단어를 상상해 보는 놀이다. 단어를 쓰며 한글을 익힐 수 있다.

01 ㄱ부터 ㅎ까지 자음 첫 자로 시작하는 동물 이름 쓰기

1. 빙고판에 ㄱ부터 ㅎ까지 자음 첫 자로 시작하는 동물 이름을 적는다.
2. ㅎ 칸은 선생님이 정해 주는 두 가지(예 : 하마, 호랑이) 중에서 하나를 고르도록 한다.

ㄱ(20점)	ㄴ(30점)	ㄷ(40점)	ㄹ(30점)
ㅁ(40점)	ㅂ(30점)	ㅅ(40점)	ㅇ(10점)
ㅈ(20점)	ㅊ(30점)	ㅋ(50점)	ㅌ(60점)
ㅍ(40점)	ㅎ(100점)	총점	

3. 다 쓰면 선생님이 동물 이름을 하나씩 불러준다. 이때 선생님이 부르는 동물과 같은 동물이 있으면 "만세!"를 부른다. 놀이가 끝나면 점수를 합산한다.
4. 선생님은 칠판에 동물의 이름을 적어주거나 동물 카드를 나눠주어 글씨를

모르는 학생들도 즐겁게 참여하도록 한다.

5   네 명을 한 모둠으로 모둠 활동을 할 수 있다.

02 동물의 이름을 쓰고 호명하면 앉는 놀이

1   반 전체를 두 팀으로 나눈다. 동물의 범위를 한정해서 쓰게 하는 것이 좋다. (예 : 네발 동물의 이름을 쓰세요.)

2   모두 동물 이름을 하나씩 쓰고 자리에서 일어난다.

3   선생님이 읽어주는 문장에서 자기가 쓴 동물과 같은 동물이 있으면 "만세!" 하고 앉는다. (예 : 엄마와 함께 동물원에 갔어요. 사자가 (만세!) 까치를 따라다녔어요. 토끼는 (만세!) 거북이 (만세!) 등에 타고 있었어요.)

4   동물을 여러 개 쓰도록 해도 좋다. 서 있는 사람이 많은 팀이 지게 된다.

19 달라진 모습 찾기

• **관련 단원** 2-2 국어 6단원

술래가 어떤 변장을 했는지 변장한 모습을 찾는 놀이로 집중력을 기르는 활동이다.

before

after

놀이 방법

1 선생님이 먼저 술래가 되어 모두 집중해서 선생님의 모습을 관찰하게 한다. 선생님이 잠깐 복도에 나갔다가 다시 들어온다. 학생들에게 선생님의 달라진 모습을 찾게 한다. (예 : 볼펜을 주머니에 꽂고 들어온다, 단추를 하나 잠그고 들어온다 등)

2 달라진 모습을 많이 맞추는 학생이 술래가 되어 변장술을 펼친다.

3 소품을 이용해도 좋다. (예 : 가방을 들고 나갔다가 가방 끈에 클립을 매달고 들어오기, 책 두 권을 들고 나갔다가 책 한 권을 놓고 들어오기 등)

20 편지 왔어요!

• **관련 단원** 1-1 국어 7단원, 1-2 국어 7단원

앞 사람이 말한 문장의 첫 단어 끝 글자로 새로운 문장을 만들어가며 끝말잇기를 하는 놀이로 단어를 익히기에 좋은 활동이다.

△ ● ▲
놀이 방법

1 반 전체를 원형으로 둘러앉게 한다. 선생님은 우편배달부 한 명을 뽑아 벌칙이 적힌 편지 한 통을 준다. 편지에는 난센스 퀴즈, 노래 부르기, 물건 찾기 등의 벌칙을 적어놓는다.

2 우편배달부는 학생들 중 한 명에게 다가가서 "서울에서 편지 왔어요!"라고 말하고 편지를 건네준다. 지목받은 사람은 '서울'에서 끝 자인 '울'로 시작하는 문장을 만들어 말해야 한다. 예를 들어 "울산에서 편지 왔어요!"라고 대답하며 다른 친구에게 편지를 준다.

3 꼭 장소나 지명을 말하지 않아도 "산나물 마을에서 편지 왔어요."라고 마을 이름을 지어서 말해도 된다. 대답을 못 하는 사람은 편지에 쓰여진 벌칙을 받게 된다.

21 내 별명 짓기

- **관련 단원** 1-1 국어 6단원, 1-2 국어 7단원
- **준비물** 도화지, 사인펜

긍정적인 자기 별명을 만드는 놀이로 자존감을 키우며 자신감 있게 발표하는 능력을 기르는 데 도움을 주는 활동이다. 학생들이 자기를 표현하며 적극적인 참여 의식을 갖게 하고, 친구의 서로 다른 개성과 취미를 이해할 수 있게 한다.

놀이 방법

1   반 전체가 원으로 둘러앉는다. 선생님은 도화지와 사인펜을 나눠준다.

2   도화지 한쪽에 각기 자기가 갖고 싶은 별명을 쓰고, 한쪽에는 그 별명이 지닌 뜻이나 이유를 적는다. 별명을 상징하는 그림을 그려도 좋다.

3   한 사람씩 일어나서 발표를 한다. (예 : 개나리 – 이른 봄에 피는 개나리를 좋아합니다. 추운 겨울을 지나 우리에게 희망을 안겨주는 꽃이기에 저는 개나리를 좋아합니다.)

4   선생님은 반드시 긍정적인 별명을 짓도록 해야 한다는 것을 알려준다.

22 누구게?

• **관련 단원** 2-2 국어 3단원

눈을 가리고 목소리 주인공이 누구인지 알아맞히는 활동으로 친구의 특징을 파악해야 하는 놀이다. 자세히 관찰하기로 집중력을 키울 수 있다.

놀이 방법

1 반 전체가 원으로 둥글게 배치한 의자에 앉는다.

2 술래는 눈을 가린 채 원 중앙에 서서 세 바퀴를 돈다. 그사이 다른 사람들은 모두 자리를 바꾼다.

3 술래가 어느 한 사람 앞에 가서 질문을 한다. 예를 들어 "좋아하는 친구 이름이 뭐예요?" 같은 질문을 할 수 있다.

4 술래는 친구의 목소리를 듣고 누구인지 알아내야 한다. 대답하는 사람은 술래가 알아차리지 못하게 목소리를 꾸며서 말할 수 있다.

23 이름 박수

• **관련 단원** 1-1 국어 2단원, 2-1 국어 2단원

신학기에 친구와 만나 인사를 하고, 친구와 마주 보고 박수 치며 서로의 이름을 외우는 놀이다. 신학기에 친구를 사귀는 데 좋은 활동이다.

△●▲
놀이 방법

1 반 전체가 자유롭게 돌아다니며 아무나 한 명의 친구를 만나서 서로 이름을 알려준다.

2 "난 김철수, 넌 이영희" 하고 말하면서 내 무릎을 네 번 치고, 상대방 손뼉을 네 번 친다. 한 글자에 한 번 박수를 친다.

3 "난 김철수, 넌 이영희" 하고 말하면서 내 무릎을 두 번 치고, 상대방 손뼉을 두 번 친다. 두 글자에 한 번의 박수를 친다. 두 번 반복한다.

4 "난 김철수, 넌 이영희" 하고 말하면서 내 무릎 한 번 치고, 상대방 손뼉을 한 번 친다. 네 글자에 한 번의 박수를 친다. 네 번 반복한다.

5 또 다른 친구를 만나 이름을 나누고 반복한다. 천천히 박자를 맞추며 박수를 치도록 한다.

6 선생님은 신나는 음악을 틀어주고 음악이 끝날 때까지 학생들이 가능한 많은 친구를 만나 박수를 치도록 한다.

24 마음껏 칭찬하기

• **관련 단원** 2-1 국어 3단원, 2-2 국어 10단원

쉬지 않고 친구를 칭찬하는 활동이다. 먼저 웃거나 말을 중단하면 지는 놀이로 사이가 안 좋은 학생들을 지도하는 데 도움이 된다.

놀이 방법

1 두 명이 함께하는 짝 활동이다.
2 쉬지 않고 상대방을 칭찬하도록 한다. 먼저 웃거나 말을 중단하면 지게 된다.

놀이의 팁

• 학생들은 친구와 다투고 나서 항상 자기는 잘했는데 친구가 잘못했다고 변명을 한다. 이런 친구들에게 누가 잘했는지 알아보자 하면서 이 놀이를 시키면 효과적이다.

25 나도 강태공

- **관련 단원** 1-1 국어 4단원, 2-1 국어 4단원
- **준비물** 나무젓가락, 실, 자석, 클립

자석 낚싯대로 한글을 낚는 놀이로 여러 개의 낱말을 조합하여 문장을 만들어 단어를 익힐 수 있는 활동이다. 단원을 정리할 때 활용하기에 좋다.

01 자석 낚시로 자음, 모음 낚기

1. 나무젓가락으로 낚싯대를 만들고, 낚싯바늘 대신 자석을 매단다.
2. 종이를 물고기 모양으로 오리고 각 종이에 자음과 모음을 쓴다.
3. 물고기 종이에 클립을 끼우고 신문지 위에 올려놓는다.
4. 친구들끼리 번갈아 낚시를 한다.
5. 선생님이 지시하는 단어를 낚아야 점수를 얻는다. (ㄱ, ㄴ, ㄹ, ㅏ, ㅗ 등)
6. 짝 활동이나 모둠 활동으로 할 수 있다.

02 자석 낚시로 글자 만들기

1 두 명이 나와 낚시를 한다.

2 선생님은 제한 시간 1분을 주고, 낚아야 할 글자를 안내한다. 예를 들어 'ㅁ' 자를 만드는 미션을 받았다면 한 사람은 'ㅁ'을 낚고, 한 사람은 'ㅗ'를 낚는다.

3 누가 무슨 글자를 낚을 것인지 친구들끼리 잘 의논한다.

03 자석 낚시로 낱말 만들기

1 두 명이 나와 낚시를 한다.

2 선생님은 제한 시간 1분을 주고, 낚아야 할 낱말을 안내한다. 예를 들어 '수박' 글자를 만드는 미션을 받았다면 한 사람은 '수'를 낚고, 한 사람은 '박'을 낚는다.

3 누가 무슨 글자를 낚을 것인지 친구들끼리 잘 의논한다.

04 자석 낚시로 문장 만들기

1 네 명이 나와 낚시를 한다.

2 선생님은 제한 시간 1분을 주고, 낚아야 할 문장을 안내한다. 예를 들어 '개나리 꽃이 피었습니다.'라는 미션을 받으면 네 사람이 '개나리', '꽃', '이', '피었습니다' 카드를 낚는다.

3 누가 무슨 글자를 낚을 것인지 친구들끼리 잘 의논한다.

26 무슨 낱말일까?

━━━━━━━━━━━━━━━━━━━━━━━━━━━━━━━

- **관련 단원** 1-1 국어 6단원, 1-2 국어 7단원, 2-1 국어 4단원
- **준비물** 글자 카드

여러 개의 글자 카드를 조합하여 단어를 완성하며 즐겁게 낱말을 익히는 놀이다. 학생들의 수준에 따라 카드를 여러 장을 놓고 할 수 있으며 단원의 학습 정리 시간에 활용하면 좋은 활동이다.

놀이 방법

1   네 명을 한 모둠으로 모둠 활동을 한다.
2   선생님은 카드에 한 글자씩 적어 글자 카드를 만든다. 예를 들어 건, 선, 보, 생, 님이라고 적은 다섯 개의 카드를 모둠 수만큼 만든다. (예 : 보건선생님)
3   카드를 섞어서 각 모둠에 하나씩 나누어준다.
4   문장을 빨리 완성하는 모둠이 점수를 얻는다.

27 하나 마나 게임

━━━━━━━━━━━━━━━━━━━━━━━━━━━━━━

- **관련 단원** 1-1 국어 7단원, 1-2 국어 7단원, 2-1 국어 10단원, 2-2 국어 7단원

'하나 마나'라는 말을 넣어 짧은 글을 짓는 놀이다. 기발하고 재치 있는 문장을 만들며 상상력과 창의력을 키우는 데 도움이 되는 활동이다.

놀이 방법

1   네 명을 한 모둠으로 모둠별 활동을 한다.
2   돌아가면서 '하나 마나'라는 말을 넣어 짧은 글을 짓는다. (예 : 모래 위에 집 짓나 마나, 못 올라갈 나무 쳐다보나 마나, 젓가락으로 국 떠먹으나 마나, 바늘 없는 시계 있으나 마나 등)
3   선생님은 생활 주변에서 일어나는 일들로 재치 있는 문장이 많이 나오도록 유도한다. (예 : 우리 아빠 담배 끊는다고 말하나 마나 등)

28 몸으로 글자 만들기

• **관련 단원** 2-1 국어 4단원, 2-2 국어 6단원

학생들이 함께 협동하여 몸으로 글자를 만드는 놀이로 협동심을 키우는 데 도움이 되는 활동이다.

놀이 방법

1   네 명을 한 모둠으로 모둠별 활동을 한다.

2   모둠별로 노래하며 움직인다.

3   선생님이 "'가' 글자를 만드세요." 하면 모두 바닥에 엎드려 '가'자를 만든다.

4   정확하고 빠르게 만드는 모둠이 승리한다.

29 빙고를 사수하라

• **관련 단원** 1-1 국어 6단원, 2-1 국어 6단원
• **준비물** 빙고판, 스티커

상대 팀의 빙고를 방어하면서 우리 팀의 빙고를 만드는 놀이로 배운 내용을
복습할 때 활용하면 효과적인 활동이다.

△ ● ▲
놀이 방법

1 모둠별로 팀을 나누고, 수업 시간에 배운 내용으로 문제를 낸다.

2 문제를 맞히는 팀이 스티커를 한 개씩 붙이며 빙고를 만들어간다.

3 상대 팀의 빙고를 방어하면서 자기 팀의 빙고를 만들어간다. 빙고를 먼저
　　만드는 팀이 승리한다. 빙고가 만들어지지 않을 때는 무승부로 한다.

4 9칸, 16칸 등 다양한 빙고판으로 할 수 있으며 스티커 대신에 색 자석을
　　사용할 수 있다. 또 의자를 빙고판으로 삼아 사람이 말 역할을 해도 된다.

♥	♣		♣
♥	♣	♣	♣
	♣		
♥	♥	♥	♣

30 엉뚱한 이야기

- **관련 단원** 1-1 국어 4단원, 1-2 국어 10단원
- **준비물** 종이, 연필

육하원칙의 한 부분을 작성하고 함께 읽는 활동으로 자연스럽게 문장을 완성하는 놀이다. 글쓰기에 기본이 되는 육하원칙을 학습하며 상상력과 창의력을 기르는 데 도움을 준다.

놀이 방법

1 네 명을 한 모둠으로 하고 1번부터 4번까지 각자 번호를 정한다.
2 각 모둠의 1번은 누가, 2번은 언제, 3번은 어디서, 4번은 무엇을 했다는 내용을 자유롭게 상상해서 쓴다. 물론 친구에게 보여주면 안 된다.
3 각 모둠별로 이야기가 완성되면 선생님은 육하원칙의 순서대로 내용을 읽어준다. 엉뚱하고 기발한 이야기를 들으면 학생들이 무척 즐거워한다.
   "호랑이가 / 아침에 / 오락실에서 / 배꼽티를 입었다, 대성이가 / 어제 / 수영장에서 / 축구를 했다"
4 문장이 자연스러운 모둠이 승리한다.
5 모둠 인원이 다섯 명일 경우에는 '왜' 했다는 내용을 쓴다. 누가, 언제, 어디서, 무엇을, 왜 했나를 적는다.
   "동생이 / 아침에 / 회사에서 / 새 신을 샀다 / 배가 고프니까"
6 모둠별로 행을 나누어 시 쓰기를 해도 좋다.

31 들은 대로 자세히 전달하기

- **관련 단원** 1-1 국어 4단원, 1-2 국어 5단원, 2-1 국어 7단원, 2-2 국어 6단원
- **준비물** 도화지, 색연필

친구에게 들은 이야기를 그림이나 만화로 표현하는 놀이로 자세히 듣고, 자세히 전달하는 능력을 기르는 활동이다. 그림이 변해 가는 과정을 보면서 의사전달의 중요성을 느낄 수 있다.

놀이 방법

1   네 명을 한 모둠으로 한다.
2   모둠원 중에 한 명이 선생님으로부터 간단한 이야기를 듣는다. 예를 들어 "파란 강아지 꼬리가 3자 꼬리입니다." 같은 이야기를 할 수 있다.
3   이야기를 들은 사람은 다른 친구에게 들은 내용을 자세히 전달한다. 이렇게 계속 전달하다가 마지막 모둠원이 전달받은 내용을 그림이나 만화로 그리고 설명한다.
4   처음에 들은 이야기를 올바르게 잘 설명하고 자세히 그린 모둠이 승리

한다.

5 선생님은 이야기의 내용을 학생 수준에 맞게 들려주도록 한다.

32 원시시대 사람들은

- **관련 단원** 1-2 국어 10단원, 2-1 국어 8단원
- **준비물** 도화지, 색연필

문자와 언어가 없었던 시대의 사람들은 어떻게 자신의 의견을 표현하며 의사소통을 했는지 체험해 보는 활동이다. 우리의 언어와 문자의 고마움을 알고 상상력을 키우는 데 도움이 되는 놀이다.

△ ● ▲
놀이 방법

1   네 명을 한 모둠으로 한다.
2   선생님이 모둠원 한 명에게 표현해야 할 문장을 제시해 준다. (예 : 우리 아버지께서 새 신을 사주셨다.)
3   문장을 읽은 학생은 칠판에 그림을 그려서 자기 모둠원에게 그 내용을 알린다. 단 절대 말을 해서는 안 된다.
4   모둠원이 내용을 맞히면 점수를 얻게 된다.

놀이의 팁 **Tip**

- 그림으로 표현할 수도 있지만 표정과 몸짓으로 내용을 알리도록 할 수도 있다.
- 말과 문자로 표현하지 않으면 자기의 생각을 바르게 전달하기가 어렵다는 것을 깨닫게 하고, 우리말의 소중함과 중요성을 일깨우는 기회가 된다.

33 명함 교환하기

- **관련 단원** 1-1 국어 2단원, 1-2 국어 4단원
- **준비물** A4 종이

자신의 장점을 담은 명함을 만들고 서로 교환하는 놀이로 진로 지도에 적합한 활동이다. 친구를 만나고 헤어질 때는 항상 인사를 하고 헤어져야 한다는 것을 지도하는 데도 도움이 된다.

놀이 방법

1 모두 자유롭게 앉아 A4 종이를 세 번 접어 자른다.
2 8장의 종이가 만들어지면 자기의 장점 또는 장래 희망과 함께 이름을 적는다. (예 : "수영을 잘하는 김수영입니다, 외교관이 되고 싶은 이교관입니다." 등)
3 돌아다니며 아무나 만나 인사를 한다. 인사를 할 때는 손을 반짝반짝 흔들며 "안녕하세요" 악수를 하며 "반갑습니다"라고 한다.
4 8장을 다 나눠 줄 때까지 인사를 하고 명함을 교환한다.
5 처음 만난 사람 명함을 맨 위부터 순서대로 놓는다. 맨 위의 사람부터 다시 찾아가 자기 명함을 찾아온다.
6 다시 만나면 이름을 불러주며 인사를 한다.
    "수영을 잘하는 김수영 님 다시 만나 반갑습니다."

34 팬터마임

· **관련 단원** 1-1 국어 9단원, 1-2 국어 7단원, 2-1 국어 10단원, 2-2 국어 7단원

자신의 생각을 언어로 표현하는 데 익숙하지 못한 저학년들에게 몸의 언어를 통해 의사 표현을 하게 함으로써 표현력과 상상력을 키울 수 있는 활동이다.

놀이 방법

1   열 명의 학생들이 등을 보고 일렬종대로 선다.
2   선생님은 맨 뒤 학생에게 단어(예 : 허수아비)를 보여주고, 전달받은 친구는 앞의 친구에게 팬터마임으로 단어를 표현한다.
3   전달받은 학생도 앞의 학생에게 팬터마임으로 계속 전달한다.
4   마지막 학생은 전달받은 단어가 무엇인지 이야기한다.
5   많이 맞히는 팀이 승리한다. 마지막 학생이 못 맞힌 경우 단어를 전달했던 다른 학생들이 각자 자기가 생각한 것을 다시 표현해 보거나 말하게 한다.

35 내 발 이름 지어주기

• **관련 단원** 1-1 국어 1단원

내 발을 도화지에 그리고 이름을 붙여주는 놀이다. 의미 있는 이름을 붙이게 하고 그 이유를 설명하도록 한다. 상상력과 창의력을 기르는 데 도움이 되는 활동이다.

놀이 방법

1 신발을 벗고 도화지에 내 발을 그린다.
2 선생님은 학생들이 발 그림에 재미있고 의미있는 이름을 붙이게 하고 그 이유를 설명하도록 한다.
3 상상력과 창의력을 발휘하도록 칭찬하고 격려한다.

36 정확히 발음하기

• **관련 단원** 2-2 국어 1단원

발음하기 어려운 문장을 선택하여 틀리지 않게 발음하는 놀이다. 문장을 정확하게 발음하는 데 도움이 되는 활동이다.

01 어려운 문장 발음하기

1 네 명을 한 모둠으로 모둠별 활동을 한다.
2 선생님은 발음하기 어려운 문장을 칠판에 적는다. 발음하기 어려운 문장 몇 개를 소개하면 다음과 같다.
   "간장 공장 공장장은 강 공장장이고 된장 공장 공장장은 공 공장장이다."
   "앞집 팥죽은 붉은 팥 풋팥죽이고 뒷집 콩죽은 햇콩 단콩죽이다."
   "내가 그린 기린 그림은 긴 기린 그림이고 네가 그린 기린 그림은 안 긴 기린 그림이다."
3 모둠에서 한 명씩 일어나 문장을 읽어보도록 한다. 만약 읽다가 틀리면 처음부터 다시 시작한다.
4 모둠원 모두가 정확하게 빨리 읽은 모둠이 승리한다. 짝 활동으로 해도 좋다.

02 단어 번갈아가며 발음하기

1 두 명이 하는 짝 활동이다.

2 단어를 하나 선택하여 한 글자씩 짝과 번갈아가며 읽어본다. 틀리는 사람이 지는 게임이다.

3 만약 '달구지'라는 단어를 선택했다면 한 사람이 먼저 '달' 하고 말하고, 다음 사람이 '구', 또 다음 사람이 '지', 또 다음 사람이 '달' 이런 식으로 번갈아가며 말한다.

4 세 음절 이상되는 홀수로 된 단어를 선택해야 한다. 짝수로 된 단어는 같은 글자가 반복되어 흥미를 떨어뜨린다.

03 앞에 있는 글자부터 크게 발음하기

1 두 명이 하는 짝 활동이다.

2 문장을 하나 선택하여 맨 앞에 있는 글자부터 한 글자씩 크게 읽는다. 정확하게 빨리 읽은 사람이 승리한다.

3 만약 '말 놀이를 합시다'라는 문장을 선택했다면 처음 읽을 때는 첫 글자인 '말'을 큰 소리로 읽고 나머지 '놀이를 합시다'는 보통의 목소리로 읽는다. 두 번째 읽을 때는 두 번째 글자인 '놀' 자를 크게 읽고 나머지는 보통의 목소리 크기로 읽는다. 이렇게 일곱 번을 정확히 읽도록 한다. 만약 읽다가 틀리면 처음부터 다시 시작한다.

4 글자의 수가 많을수록 어려우니 학년 수준에 맞게 글자의 수를 정하도록 한다.

04 받침 빼고 노래하기

1 두 명이 하는 짝 활동이다.

2 선택한 노래의 가사 중에서 받침을 빼고 노래를 부른다. 예를 들어 〈학교종〉 노래를 선택했다면 "하교 조이 때때때 어서 모이자 서새니이 우리르 기다리시다"와 같이 받침을 빼고 부른다. 노래는 자유롭게 선택하되 익숙한 노래를 선택하는 것이 좋다.

3 틀리면 처음부터 다시 시작한다. 다른 짝은 성공할 때까지 짝이 몇 번 틀렸나 횟수를 적는다. 틀린 횟수가 적은 사람이 승리한다.

37 쌍받침 글씨 찾기

- **관련 단원** 1-2 국어 1단원
- **준비물** 신문지, 잡지, 가위, 풀, 도화지

신문지나 잡지에서 쌍받침이 있는 글씨를 찾아 오려 붙이는 놀이로 단어를 익히기에 좋은 활동이다. 두 명을 한 모둠으로 모둠별 활동을 하면 좋다.

△ ● ▲
놀이 방법

1 두 명을 한 모둠으로 모둠별 활동을 한다.

2 신문지나 잡지에서 쌍받침이 있는 글씨를 찾아 도화지에 오려 붙인다.

3 쌍받침을 많이 찾은 모둠이 점수를 얻는다.

38 이심전심

- **관련 단원** 2-2 국어 4단원
- **준비물** 도화지, 색연필

짝과 함께 도화지 한 장에 서로 말없이 그림을 그리는 놀이로 친구를 배려하는 마음을 키우는 데 도움이 되는 활동이다.

01 그림 그리기

1   두 명이 하는 짝 활동이다. 절대 말을 해서는 안 되는 규칙이 있다.
2   서로 다른 색연필을 사용한다. 한 사람이 한꺼번에 다 그리는 것이 아니라 조금씩 번갈아가며 그린다.
3   다 그린 후, 어떤 것을 그렸는지, 어떤 생각으로 그렸는지 등 서로 궁금한 것을 물어본다.
4   서로 생각한 주제가 맞았는지 확인해 본 다음 다시 한 번 새로운 종이에 그림을 그린다.

02 4컷 만화 그리기

1   두 명이 하는 짝 활동이다. 절대 말을 해서는 안 되는 규칙이 있다.
2   서로 다른 색연필을 사용한다. 한 사람이 한꺼번에 다 그리는 것이 아니라 한 사람이 한 컷씩 번갈아가며 그린다. 말 주머니는 넣지 않는다.
3   다 그린 후, 어떤 것을 그렸는지, 어떤 생각으로 그렸는지 등 서로 궁금한

것을 물어본다.

4 서로 생각한 주제가 맞았는지 확인해 본 다음 다시 한 번 새로운 종이에 4 컷 만화를 그린다.

▲●◡

놀이의 팁 Tip

- 처음에는 학생들이 주제가 없이 서로 동떨어진 그림을 그리지만 두 번째 그림에서는 서로를 배려하며 그리게 되어 주제가 잘 나타나는 것을 볼 수 있다.

지도서와 함께 보는
교과서 단원별 놀이 총정리

저학년 학생들은 다른 과목에 비해 수학을 특히 어려워합니다.
학년이 올라가면서 지레 수학에 겁을 먹고 기피하는 학생들이 생기기도 합니다.
그래서 수학은 여느 과목보다 먼저 학생들이 쉽게 다가갈 수 있도록
선생님이 조금 더 노력해야 하는 교과입니다.
이 장에서는 학생들이 수학을 몸으로 익히며 흥미를 가질 수 있도록 쉬운 놀이를 모았습니다.
이 시기에는 수학의 가장 기본 개념인 수를 올바르게 이해해야
수학의 다른 단원이나 다른 교과를 배우는 데 어려움을 느끼지 않습니다.
'제일 큰 수 만들기', '덧셈 뺄셈 기차놀이', '수 건너뛰어 세기', '곱셈 놀이', '수 채워넣기',
'합의 수 만들기', '인간 계산기', '18점을 올려라' 등의 놀이는
수와 연산 능력을 기르기 위한 놀이입니다.
그 외에도 도형, 측정 등 여러 가지 놀이를 담아 재미를 더했습니다.

Part 2
수학 수업 놀이

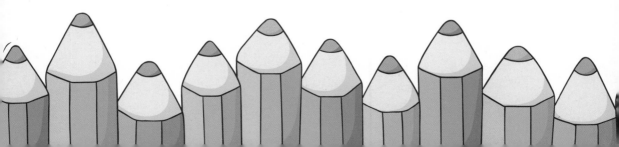

단원별 놀이 찾아보기

2-1 수학

2-2 수학

01 빙빙 돌아라 덧셈 뺄셈

- **관련 단원** 1-1 수학 3단원, 1-2 수학 4단원, 2-1 수학 3단원, 2-2 수학 3단원
- **준비물** A4 종이

수학의 가장 기본이 되는 덧셈과 뺄셈을 통해 연산 능력을 키우는 데 도움이 되는 활동이다.

01 숫자를 가슴에 달고 덧셈 놀이하기

1 인원수만큼 숫자를 써서 가슴에 단다. 1학년의 경우는 1부터 10까지의 수를 나눠서 같은 숫자를 두세 명이 가슴에 붙여도 된다.

2 모두 둥글게 서서 손을 잡고 〈빙빙 돌아라〉 노래를 부르며 율동을 한다. "손을 잡고 오른쪽으로 빙빙 돌아라. 손을 잡고 왼쪽으로 빙빙 돌아라. 뒤로 살짝 물러났다 앞으로 다시 들어가 손뼉 치며 빙빙 돌아라."

3 노래가 끝나고 선생님이 "5!"라고 외치면 5가 될 수 있도록 모인다. 3+2와 같이 두 명이 모여도 되고, 1+1+2+1와 같이 네 명이 모여도 된다. 수를 만든 팀은 점수를 얻는다.

4 선생님은 학년 수준에 맞게 수를 부르도록 한다.

5 같은 방식으로 뺄셈 놀이로도 응용할 수 있다.

△●▲

02 박수 치며 덧셈 뺄셈 놀이하기

1 선생님이 손가락 네 개를 펴 보이며 "박수 시작!"이라고 하면 모두 박수를 네 번 친다.

2 선생님이 "덧셈 박수 시작!" 하고 오른손 손가락을 네 개, 왼손 손가락을 세 개를 펴 보이면 양손의 수를 합쳐서 일곱 번의 덧셈 박수를 친다.

3 선생님이 "뺄셈 박수 시작!" 하고 오른손 손가락을 다섯 개, 왼손 손가락을 두 개를 펴 보이면 큰 수에서 작은 수를 뺀 세 번의 뺄셈 박수를 친다.

4 셈해서 0이 나온다면 박수를 치지 않는다.

5 끝까지 살아남는 사람이 승리한다.

△●▲

03 1 큰 수, 1 작은 수 박수 치며 덧셈 뺄셈 놀이하기

1 선생님이 오른 손가락 네 개를 펴 보이며 "박수 시작!"이라고 하면 4보다 1 큰 수인 5, 즉 다섯 번 박수를 친다.

2 선생님이 왼손 손가락 네 개를 펴 보이며 "박수 시작!"이라고 하면 4보다 1 작은 수인 3, 즉 세 번 박수를 친다.

3 끝까지 살아남는 사람이 승리한다.

04 몸으로 덧셈식 만들기

1 모두 둥글게 서서 손을 잡고 〈빙빙 돌아라〉 노래를 부르며 율동을 한다.

2 선생님은 노래가 끝나면 "2 더하기 3!"이라고 외친다. 그러면 학생들은 두 명이 앉아 '2'를 표시하고, 그 옆에 두 사람이 포개서 누워 '+' 기호를 만든다. 그 옆에 세 명이 앉아 '3'을 표시하고, 그 옆에 두 사람이 누워 '=' 기호를 만든다. 그 옆에 다섯 명이 앉아 '5'를 표시한다. 이렇게 '2+3=5'와 같은 식을 만든다.

3 같은 방식으로 뺄셈식으로도 응용할 수 있다.

02 빙빙 돌아라 곱셈

- **관련 단원** 2-1 수학 6단원, 2-2 수학 2단원
- **준비물** 색연필

건너뛰기는 곱셈을 이해하는 가장 기본이 되는 활동이다. 특히 구구단은 무조건 외우기보다 학생들이 직접 몸으로 체험하며 익히는 것이 도움이 된다.

△ ● ▲
01 건너뛰며 곱셈 이해하기

1 빈칸에 1부터 56까지의 수를 쓴다.

1	2	3	4	5	6	7
8	9	10	11	12	13	14
15	16	17	18	19	20	21
22	23	24	25	26	27	28
29	30	31	32	33	34	35
36	37	38	39	40	41	42
43	44	45	46	47	48	49
50	51	52	53	54	55	56

2 2칸씩 건너뛰며 노란색을 칠한다. (예 : 2, 4, 6, 8, 10, 12, 14…)

3 3칸씩 건너뛰며 파란색을 칠한다. (예 : 3, 6, 9, 12, 15, 18…)

4 숫자 6과 같이 노란색과 파란색이 두 번 겹치는 수는 덧칠한다.

5 4칸씩 건너뛰며 연두색을 칠하고 겹치는 수는 덧칠한다.

6 5칸씩 건너뛰며 분홍색을 칠한다.

△ ● ▲
02 원으로 돌면서 곱셈하기

1 모두 둥글게 서서 손을 잡고 〈빙빙 돌아라〉 노래를 부르며 율동한다.

2 선생님은 노래가 끝나면 "두 명!" 하고 외친다. 그러면 두 명씩 모여 가위바위보를 한다.

3 선생님은 2의 배수(4명, 6명, 8명…)로 부르고, 3의 배수(3, 6, 9…), 4의 배수로, 5의 배수로 숫자를 부를 수 있다.

△ ● ▲
03 가위바위보 하면서 곱셈 놀이하기

1 모두 둥글게 서서 손을 잡고 〈빙빙 돌아라〉 노래를 부르며 율동한다.

2 노래가 끝나고 선생님이 "두 명!" 하고 외치면 두 명씩 모둠을 만들어 가위바위보를 한다. 짝이 없는 사람은 선생님과 모둠이 되어 가위바위보를 한다. 이때 발로 하는 가위바위보를 한다. (발을 양쪽으로 벌리면 보, 발을 모으면 바위, 발을 앞뒤로 벌리면 가위)

3 두 명이 가위바위보를 하고 이긴 사람이 모둠의 리더가 된다. 두 사람이 손을 잡고 돌아다니면서 두 명씩 손을 잡고 다니는 다른 모둠을 만난다.

4 각 모둠의 리더끼리 가위바위보를 하고 진 모둠은 이긴 모둠의 뒤로 가서

꼬리를 만들어 네 명이 손을 잡고 다닌다.

5 네 명이 손을 잡고 다니는 모둠은 네 명씩 손을 잡고 다니는 다른 모둠을 만난다.

6 모둠 인원이 같다면 리더끼리 가위바위보를 하고 모든 모둠이 더 이상 같은 인원을 찾을 수 없게 되면 게임은 끝난다.

7 다음 활동에는 3명, 6명, 12명, 24명이 만난다. 이와 같은 방법으로 서로 여러 가지 수를 곱해 보며 곱셈 놀이를 이해할 수 있다.

03 비교하기

• **관련 단원** 1-1 수학 4단원, 2-1 수학 5단원, 2-2 수학 3단원
• **준비물** 공깃돌, 풍선, 손펌프, 쌓기나무

길이와 양의 속성을 비교하며 다양한 수 개념을 배울 수 있으며 공간지각능력을 키울 수 있다.

01 공깃돌 모은 수 비교하기

1 두 명을 한 모둠으로 하고 모둠별로 공깃돌 20개를 바닥에 놓는다.
2 가위바위보를 해서 이긴 사람부터 두 손을 깍지 낀다.
3 검지손가락 두 개를 사용하여 공깃돌을 양손 사이로 집어넣는다. 공깃돌은 넣고 싶은 만큼 넣다가 떨어뜨리면 다음 사람이 넣는다.
4 번갈아가면서 바닥의 공깃돌이 다 없어질 때까지 계속한다.
5 공깃돌을 더 많이 가져간 사람이 이긴다. 익숙해지면 공깃돌 수를 30개로 늘려도 좋다.

02 줄 길게 늘여 길이 비교하기

1 반 전체를 두 모둠으로 나눈다.
2 앞사람 허리를 잡고 긴 줄을 만들어 누가 더 긴가 비교한다.
3 모둠원이 모두 엎드려 끊어지지 않도록 길게 연결하고 어느 모둠이 더 긴가 비교한다. 줄이 끊어지면 한 번 지는 것으로 하고 다시 시작한다.

4　모둠원이 갖고 있는 물건을 끊어지지 않도록 길게 연결하고 어느 모둠이
　　더 긴가 비교할 수도 있다.

03　키 비교하기

1　네 명을 한 모둠으로 모둠 활동을 한다.
2　키를 재보고 누가 더 큰가 비교한다. 두 사람씩 뒤돌아서서 비교하거나, 벽
　　에 키를 표시하여 비교한다.
3　키 순서를 정해 본다.
4　다섯 명을 한 모둠으로 활동할 수도 있다.

04　시소로 몸무게 비교하기

1　네 명을 한 모둠으로 모둠 활동을 한다.
2　두 사람씩 시소를 타고 몸무게를 비교한다.
3　몸무게 순서를 정해 본다.
4　다섯 명이 한 모둠으로 활동할 수도 있다.

05　쌓기나무 높이 비교하기

1　네 명을 한 모둠으로 모둠 활동을 한다.
2　쌓기나무를 높이 쌓고, 다른 모둠과 높이를 비교해 본다.

06 풍선을 손으로 쳐올린 수 비교하기

1 네 명을 한 모둠으로 모둠 활동을 한다.
2 각 모둠에 풍선 한 개와 손펌프를 나눠주고 풍선에 공기를 넣고 묶는다. 묶는 것은 선생님이 도와주도록 한다.
3 모둠원이 모두 손을 맞잡고 풍선을 쳐올린다. 잡은 손이 떨어지거나 풍선이 땅에 떨어지면 게임이 끝난다.
4 다른 모둠과 누가 풍선을 더 많이 쳤는지 횟수를 비교한다.
5 다섯 명을 한 모둠으로 활동할 수도 있다.

07 긴 풍선 멀리 날리기

1 두 명을 한 모둠으로 모둠 활동을 한다.
2 각 모둠에 긴 풍선 두 개와 손펌프를 나눠준다.
3 풍선에 공기를 넣고 손으로 입구를 잡는다. 두 사람씩 나와서 풍선을 날린 뒤 누가 더 멀리 날리는지 거리를 비교한다.

08 풍선칼 길이 비교하기

1 풍선에 공기를 넣고 묶는다.
2 바람 입구 쪽에서 3cm 정도 부분을 돌려 방울을 만든다.
3 방울에서 7cm 정도 윗부분을 방울과 함께 돌려 고리를 만든다.
4 꼬리 부분을 고리에 넣어 손잡이 부분을 남기고 뺀다.
5 친구와 풍선칼의 길이를 비교해 보고 칼싸움 놀이를 한다.

09 반대로 하기

1 선생님이 양손을 옆으로 벌리면서 "넓게"라고 말하면 학생들은 양손을 붙이면서 "좁게"라고 말한다.

2 선생님이 양손을 위아래로 벌리면서 "높게"라고 말하면 학생들은 양손을 붙이면서 "낮게"라고 말한다.

3 '크게, 작게'로, '길게, 짧게'로 말할 수도 있다.

4 선생님과 같은 동작을 하거나 같은 말을 하면 탈락한다. 10회 동안 탈락하지 않으면 점수를 얻는다.

04 제일 큰 수 만들기

- **관련 단원** 1-1 수학 4단원, 1-2 수학 1단원, 2-1 수학 1단원, 2-2 수학 1단원
- **준비물** 콩주머니, 바구니

바구니에 콩주머니를 던져 제일 큰 수를 만드는 활동으로 바구니의 수에 따라서 두 자릿수와 세 자릿수, 네 자릿수를 익힐 수 있다.

01 콩주머니를 던져 제일 큰 두 자릿수 만들기

1 두 명을 한 모둠으로 하고 한 사람에게 콩주머니 5개씩을 준다.

2 선생님은 바구니 두 개를 준비하고 바구니에 각각 10의 자리, 1의 자리를 표시한다.

3 한 사람은 10의 자리 바구니에 던지고, 한 사람은 1의 자리 바구니에 던져 넣는다.

4 모둠의 수를 칠판에 적고 다른 모둠과 비교하면서 어느 모둠이 제일 큰 수

를 만들었는지 알아본다. 제일 큰 수를 만든 모둠이 점수를 얻는다.

02 콩주머니를 던져 제일 큰 세 자릿수 만들기

1 세 명을 한 모둠으로 하고 한 사람에게 콩주머니를 5개씩을 준다.

2 선생님은 바구니 3개를 준비하고 바구니에 각각 100의 자리, 10의 자리, 1의 자리를 표시한다.

3 한 사람은 100의 자리 바구니에 던지고, 한 사람은 10의 자리 바구니에 던진다. 다른 한 사람은 1의 자리 바구니에 던져 넣는다.

4 모둠의 수를 칠판에 적고 다른 모둠과 비교하면서 어느 모둠이 제일 큰 수를 만들었는지 알아본다. 제일 큰 수를 만든 모둠이 점수를 얻는다.

놀이의 팁 Tip

• 네 명을 한 모둠으로 해서 제일 큰 네 자릿수를 만드는 것도 가능하다.

• 콩주머니를 제일 잘 던지는 사람이 큰 수의 바구니에 던지면 점수를 얻는 데 도움이 된다는 것을 학생들이 자연스럽게 알 수 있도록 한다.

05 수 건너뛰어 세기

- **관련 단원** 1-1 수학 5단원, 1-2 수학 5단원, 2-1 수학 6단원, 2-2 수학 2단원
- **준비물** 훌라후프, 활동지, 색연필

짝수와 홀수, 곱셈의 개념을 익힐 수 있는 놀이로 수 익히기에 도움이 되는 활동이다.

01 훌라후프 건너뛰면서 2씩 수 세기

1 훌라후프를 바닥에 10개 늘어놓는다.
2 훌라후프를 뛰어넘으면서 선생님이 불러주는 수를 시작으로 2씩 뛰어 수를 센다. (예 : 2부터 시작하세요, 8부터 시작하세요 등)
3 뛸 때는 한 발로 깨금발 뛰기를 하거나 모둠발 뛰기를 한다.

놀이의 팁 Tip

- 위의 놀이를 변형하여 10씩, 100씩 수 건너뛰어 세기를 할 수 있다.

02 3씩 건너뛰면서 노란색 칠하기

1 1부터 56까지의 수가 적힌 활동지를 준비한다.
2 3씩 건너뛰면서 색을 칠해 본다.

1	2	3	4	5	6	7
8	9	10	11	12	13	14
15	16	17	18	19	20	21
22	23	24	25	26	27	28
29	30	31	32	33	34	35
36	37	38	39	40	41	42
43	44	45	46	47	48	49
50	51	52	53	54	55	56

06 자와 함께 놀아요

• **관련 단원** 1-1 수학 4단원, 1-2 수학 5단원, 2-1 수학 5단원, 2-2 수학 6단원
• **준비물** A4 종이, 색연필, 자, 나뭇잎

선 긋기, 자연물의 길이 재기 등 직접 체험해 보며 길이에 대해 알아가는 활동
이다. 학교 주변의 나뭇잎, 나뭇가지, 꽃의 줄기 길이 재기 등 야외에서 진행할
수 있다.

△ ● ▲
01 자로 4cm의 선 긋기

1 두 명을 한 모둠으로 모둠 활동을 한다.

2 A4 종이와 색연필을 준비하고 가위바위보를 해서 이긴 사람이 먼저 자를
사용하여 4cm의 선을 긋는다.

3 다음 사람은 앞 사람이 그린 끝 점에서부터 시작하여 4cm의 선을 긋는다.
단, 먼저 그려진 선을 지나가거나 겹치게 그을 수 없다.

4 서로 반복해 가며 선을 그린다. 더 이상 선을 그을 수 없는 사람이 지게 된다.

△ ● ▲

02 자로 4 cm, 5cm의 선 긋고 길이 비교하기

1 두 명을 한 모둠으로 모둠 활동을 한다.

2 A4 종이와 색연필을 준비하고 가위바위보를 해서 이긴 사람이 자를 사용하여 4cm의 선을 긋는다.

3 진 사람은 앞 사람이 그린 끝 점에서부터 시작하여 5cm의 선을 이어 긋는다. 단, 먼저 그려진 선을 지나가거나 겹치게 그을 수 없다.

4 서로 반복해 가며 선을 긋는다. 더 이상 선을 그을 수 없는 사람이 지게 된다.

5 선의 길이를 비교해 본다.

△ ● ▲

03 나뭇잎의 길이 재기

1 야외 활동에 적합한 활동이다. 두 명을 한 모둠으로 모둠 활동을 한다.

2 선생님의 지시에 따라 15cm 길이의 나뭇잎을 주워 온다.

3 한 사람은 나뭇잎을 주워 오고 한 사람은 자로 길이를 잰다.

4 제시한 길이에 근접한 나뭇잎을 주워 온 모둠이 점수를 얻는다. 역할을 바꿔 활동한다.

07 분류 놀이

- **관련 단원** 1-1 수학 4단원, 1-2 수학 5단원, 2-1 수학 5단원, 2-2 수학 6단원
- **준비물** 우즐 카드

사물의 같은 점과 다른 점을 구별하는 놀이로 사물의 특징과 차이점에 대해 이해할 수 있다. 학생들에게 친숙한 교구를 이용하는 것이 좋으며 모둠 활동으로 할 수 있다.

01 우즐 카드를 두 가지 차이점으로 분류하기

1 우즐 카드를 보고 두 가지 차이점으로 분류한다.
2 털이 있고 파란색인 것과 그렇지 않은 것, 둥글고 구멍이 두 개인 것과 그렇지 않은 것, 빨간색이고 각이 진 것과 그렇지 않은 것 등으로 분류해 본다.

02 2장의 우즐 카드를 보고 같은 점 두 가지 말하기

1 네 명을 한 모둠으로 한다.
2 도우미 한 사람을 정한다. 도우미는 카드를 섞고 9장을 책상 위에 그림이 안 보이도록 엎어놓는다.
3 한 사람이 먼저 카드 2장을 보이도록 뒤집는다. 2장의 카드를 보고 같은 점 두 가지를 이야기해 본다.
4 '모두 모양이 같다, 모두 털이 있다. 모두 털이 없다' 등 같은 점 두 가지를

이야기하면 그 카드를 가지고 간다.

5 같은 점 두 가지를 말하지 못하면 카드를 다시 그 자리에 엎어놓는다. 이때 카드 위치를 바꾸면 안 된다. 만약 2장의 카드를 가지고 갔다면 도우미는 갖고 있는 카드 중에서 2장을 그림이 보이지 않게 빈자리에 채워놓는다.

6 다음 사람이 같은 방법으로 카드 2장을 뒤집는다. 카드가 더 이상 분류되지 않을 때까지 계속한다.

7 카드를 제일 많이 가지고 간 사람이 도우미가 되고 게임을 다시 시작한다. 도우미는 게임에 참여할 수 없지만 카드에 대한 힌트를 줄 수 있다.

△ ● ▲

03 3장의 우즐 카드를 보고 같은 점, 다른 점 말하기

1 네 명을 한 모둠으로 한다.

2 도우미를 한 사람 정한다.

3 도우미는 카드를 섞고 9장을 책상 위에 그림이 보이도록 놓는다. 도우미는 게임에 참여할 수 없지만 힌트를 줄 수 있다.

4 한 사람이 3장의 카드를 고른다. 3장의 카드가 모양, 개수, 색깔 중에서 모두 같은 점이나 다른 점이 3가지가 있다면 "빙고!"라고 외치고 카드를 가리킨다.

5 그리고 "모두 색깔이 같다. 모두 모양이 같다. 모두 개수가 다르다"와 같이 '모두' 라는 말을 세 번 말할 수 있다면 가리킨 카드 3장을 가져간다.

6 도우미는 갖고 있는 카드 중에서 3장을 그림이 보이게 빈자리에 채워놓는다. 더 이상 같은 점이나 다른 점을 찾을 수 없을 때까지 게임을 계속한다.

7 카드를 제일 많이 가지고 간 사람이 도우미가 되고 게임을 다시 시작한다.

⌂ ● ▲

04 원으로 돌면서 분류하기

1 모두 둥글게 서서 손을 잡는다.

2 〈빙빙 돌아라〉 노래를 부르며 율동한다.

3 노래가 끝나면 선생님이 "바지의 색깔이 같은 사람끼리 모이세요." 하고 미션을 제시한다.

4 두 명 이상의 모둠을 만든 사람은 모두 점수를 얻는다.

5 선생님은 다양한 방법으로 미션을 줄 수 있다. 예를 들어 생일이 같은 월 끼리 모이기, 좋아하는 계절이 같은 사람끼리 모이기, 좋아하는 과목이 같은 사람끼리 모이기, 좋아하는 색깔이 같은 사람끼리 모이기 등 여러 가지 미션으로 놀이를 해본다.

08 수 폭파하기

• **관련 단원** 1-2 수학 1단원, 2-1 수학 5단원
• **준비물** 활동지, 색연필

이웃하는 수를 묶어서 함께 폭파시키는 놀이로 수를 익히기에 좋은 놀이다. 수준에 맞게 100까지 또는 1000까지 다양하게 수를 적을 수 있어 수준별 수업이 가능한 활동이다.

놀이 방법

1   빈칸에 1부터 56까지의 수를 쓴다.

2   1칸씩 열 개의 수를 마음대로 선택해서 노란색을 칠한다.

3   2칸씩 여섯 개의 숫자를 선택하여 파란색을 칠한다. 위아래, 옆으로, 대각선으로 연결되게 하고 노란색과 겹치지 않게 한다.

4   3칸짜리 세 개의 숫자를 선택하여 붉은색을 칠한다. 위아래, 옆으로, 대각선으로 연결되게 하고 앞에서 색칠한 수와 겹치지 않게 한다.

5 4칸짜리 하나를 선택하여 초록색을 칠한다. 위아래, 옆으로, 대각선으로 연결되게 하고 앞에서 색칠한 수와 겹치지 않게 한다.

6 선생님이 부르는 수에 × 표시를 한다. 선생님이 숫자 4를 불렀다면 4번과 5번, 6번이 모두 같은 색이므로 4, 5, 6 모두 × 표시를 한다. 선생님이 부르는 숫자와 같은 색의 숫자에 모두 × 표시를 한다. 색을 칠하지 않은 숫자는 × 표시를 하지 않는다.

7 선생님이 "그만!" 하면 × 표시가 된 수가 몇 개인지 확인한다. × 표시가 된 개수만큼 점수를 얻는다.

1	2	3	4	5	6	7
8	9	10	11	12	13	14
15	16	17	18	19	20	21
22	23	24	25	26	27	28
29	30	31	32	33	34	35
36	37	38	39	40	41	42
43	44	45	46	47	48	49
50	51	52	53	54	55	56

09 마음속의 수 알아맞히기

• **관련 단원** 1-1 수학 5단원, 1-2 수학 1단원, 2-1 수학 1단원, 2-2 수학 1단원

연속되는 수의 크기를 비교하거나 연속된 수를 이해하기에 좋은 놀이로 일곱 고개 넘기로 수의 크기를 비교하면서 술래가 생각한 마음속의 수를 알아맞히는 활동이다. 수의 기본 개념을 익힌 후 정리 단계에서 활용하면 좋다.

놀이 방법

1   네 명을 한 모둠으로 하고 모둠 활동을 한다.
2   먼저 선생님이 술래가 되어 선생님의 마음속에는 1부터 50까지 중에 하나의 수가 있다고 학생들에게 안내한다.
3   학생들은 여섯 번까지 질문할 수 있고 선생님은 '예, 아니오'로만 답한다.
4   예를 들어 선생님이 숫자 4를 생각했다면 학생들은 "생각하신 수는 20보다 큰 수입니까? (아니오), 그럼 10보다 작은 수입니까? (예), 3보다 큰 수입니까? (예), 5보다 큰 수입니까? (아니오), 생각하신 수는 4입니까? (예)와 같은 질문을 할 수 있다.
5   맞힌 학생이 점수를 얻고 못 맞히면 선생님이 점수를 얻는다.
6   모둠 활동으로 진행할 수 있으며, 문제는 번갈아가며 내도록 한다.

10 수 채워넣기

- **관련 단원** 1-1 수학 5단원, 1-2 수학 1단원, 2-1 수학 1단원, 2-2 수학 1단원
- **준비물** 활동지

빠진 수 채워넣기는 연속된 수를 이해하기에 좋은 활동으로 수준별로 활동이 가능하다. 수준에 따라 100까지, 혹은 1000까지 수를 쓸 수 있다.

놀이 방법

1 빈칸에 1부터 56까지의 수를 쓴다.

2 수의 순서를 생각하여 빈칸에 알맞은 수를 써 넣는다.

1	2	3	4	5		7
8	9	10	11	12	13	14
15	16		18		20	21
22	23	24	25	26	27	
	30	31		33	34	35
36	37		39	40	41	42
43	44	45	46		48	49
50	51	52	53	54	55	56

11 줄줄이 369

• **관련 단원** 1-2 수학 5단원, 2-1 수학 6단원

숫자의 끝자리가 같으면 번호를 부르는 대신 박수를 치거나 3씩 건너뛰며
자기 이름 말하기 활동으로 집중력을 기를 수 있는 놀이다.

01 끝자리가 같은 번호에 박수치기

1 다 함께 즐길 수 있는 3·6·9 게임이다.

2 반 전체가 원형으로 둘러앉아 돌아가며 숫자를 말한다.

3 특정 숫자를 정하여 그 숫자의 끝자리가 같으면 숫자를 부르는 대신 박수
만 친다. (예 : 3, 6, 9를 선택했으면 3, 6, 9, 13, 16, 19, 23… 을 말하지 않고 박수만 한
번 치면 된다.)

02 3씩 건너뛰며 자기 이름 말하기

1 3·6·9 게임의 변형으로 자기 이름을 소개하는 게임이다.

2 반 전체가 원형으로 둘러앉아 돌아가며 숫자를 말한다.

3 자기 차례에 3, 6, 9, 12, 15, 18…을 말해야 하는 사람은 숫자를 부르지 않고 자기 이름을 말한다.

4 숫자를 말하거나 자기 이름을 말하지 못하면 벌칙을 받는다.

놀이의 팁 Tip

• 4씩 건너뛰며 자기 이름을 말하기도 할 수 있다. 수 건너뛰기의 숫자는 학생들의 수준별로 정할 수 있다. 이름 대신에 "안녕"이라는 인사를 하게 할수도 있다.

12 바둑알로 규칙 알아가기

- **관련 단원** 1-1 수학 4단원, 1-2 수학 5단원, 2-2 수학 6단원
- **준비물** 바둑알

바둑알을 규칙적으로 번갈아 가져가면서 마지막에 한 개를 가져가는 사람이 지는 게임이다. 숫자의 규칙을 익힐 수 있으며 추론 능력을 키울 수 있는 활동이다.

놀이 방법

1 두 명이 함께 짝 활동을 한다.
2 바둑알 10개를 놓고 가위바위보를 해서 이긴 사람이 먼저 한 개 또는 두 개를 가져간다. 교대로 다음 사람도 한 개 또는 두 개를 가져간다.
3 순서대로 진행하다가 마지막에 한 개를 가져가는 사람이 지는 게임이다.

놀이의 팁 Tip

- 학생들은 놀이를 하면서 나름의 규칙을 찾아간다. 수의 규칙을 찾아가면서 이기는 방법을 터득하는 게임으로 학생들이 즐기는 활동 중 하나이다. 바둑알의 수는 자유롭게 늘릴 수 있으며 규칙을 바꿔가면서 할 수 있다.

13 바둑알로 수 알아가기

- **관련 단원** 1-1 수학 1단원, 1-2 수학 1단원, 2-1 수학 6단원, 2-2 수학 2단원
- **준비물** 바둑알, 색연필

수를 쓴 종이를 바둑알에 붙이고 순서대로 나열하는 놀이로 수의 순서를 익히기에 적합한 활동이다. 특정 수의 배수가 되는 수는 각기 다른 색으로 써서 붙이면 곱셈을 이해하는 데 도움이 된다.

놀이 방법

1 종이에 1부터 50까지의 수를 써서 바둑알에 붙이고 순서대로 나열한다.

2 3의 배수는 빨간색으로, 4의 배수는 파란색 색연필로 쓰게 한다. 겹치는 수는 검은색으로 표시한다.

3 수를 순서대로 나열하면서 수의 크기와 건너뛰는 수를 익힌다.

4 가위바위보를 하여 진 사람은 짝이 요구하는 수부터 나열한다. (예 : 13부터 10개 나열하세요.)

5 수를 나열하지 못하는 사람이 지게 된다.

14 합의 수 만들기

• **관련 단원** 1-1 수학 3단원, 1-2 수학 4단원, 2-1 수학 4단원
• **준비물** 숫자 카드

'1'부터 '15'까지 숫자 카드를 모아서 선생님이 부르는 수를 덧셈으로 만드는 활동이다. 수준에 따라 두 자릿수의 덧셈을 할 수 있다.

놀이 방법

1   두 명이 함께하는 짝 활동이다.
2   숫자 1부터 15까지 적힌 숫자 카드를 준비한다.
3   숫자 카드를 보이지 않게 가운데 엎어놓고 순서대로 한 장씩 가져간다.
4   선생님이 숫자 9를 불렀다면 숫자 9가 되도록 카드를 모은다. 필요 없는 카드는 버려도 된다. 카드의 개수는 관계없이 카드의 숫자를 다 더해 9가 되면 승리한다.
5   네 명이 모여 할 때는 1부터 30까지 쓴 숫자 카드를 놓고 시작한다.

15 볼링하며 수 익히기

- **관련 단원** 1-1 수학 5단원, 1-2 수학 1단원, 2-1 수학 1단원, 2-2 수학 1단원
- **준비물** 우유갑, 탱탱볼

우유갑을 볼링핀으로 활용해서 공으로 넘어뜨리는 놀이로 덧셈과 뺄셈 수업에 적합하다. 수준에 따라 볼링핀 한 개를 10점 또는 100점으로 할 수 있으며 수를 익히는 데 도움이 되는 활동이다.

놀이 방법

1   네 명을 한 모둠으로 한다.
2   우유갑 10개를 볼링핀처럼 삼각형 모양으로 놓는다. 우유갑 한 개당 10점의 점수를 준다.
3   첫 번째 사람부터 4m 떨어진 거리에서 공을 던져 우유갑을 넘어뜨린다.
4   3회에 걸쳐 얻은 총 점수가 많은 팀이 승리한다.

놀이의 팁 Tip

- 학년 수준에 맞게 거리를 조정할 수 있다.
- 우유갑 대신에 깡통, 물통 등으로 볼링핀을 대신해도 좋다.

16 손가락 덧셈

• **관련 단원** 1-1 수학 3단원, 1-2 수학 1단원, 2-1 수학 3단원

술래가 숫자를 부르는 동시에 손가락을 펴는데 술래가 부른 숫자와 같다면 점수를 얻는 활동이다. 수 익히기를 재미있게 할 수 있으며 연산 능력을 키우는 데 도움이 된다.

놀이 방법

1   네 명을 한 모둠으로 한다.
2   순서대로 술래를 정하고 술래가 수를 외치며 손가락을 펼 때 다른 사람들도 손가락을 편다. 손가락은 1개부터 10개까지 자유롭게 펼 수 있다.
3   술래가 "40!"을 불렀는데 네 명이 편 손가락이 모두 합쳐 40개라면 수를 부른 술래가 1점을 획득하고 수를 맞추지 못했다면 점수를 얻지 못한다.
4   다음 사람이 술래가 되어 수를 부르며 손가락을 편다.
5   제일 많은 점수를 얻은 사람이 승리한다.

놀이의 팁 Tip

• 수준에 따라 한 명이 손가락 다섯 개까지 펴도록 할 수 있고, 손가락 한 개를 펴면 10개를 편 것으로 할 수도 있다.

17 인간 계산기

- **관련 단원** 1-1 수학 3단원, 1-2 수학 3단원, 2-1 수학 3단원
- **준비물** 숫자 카드

합이 10이 되는 사람끼리 모여 손을 잡고 달리는 활동으로 연산 능력을 키우는 데 도움이 된다. 학생들의 수준에 따라 20, 30, 100의 수를 구할 수 있다.

놀이 방법

1 반 전체를 두 모둠으로 나눈다.
2 모둠별로 1부터 10까지 붙이고 싶은 숫자 카드를 가슴에 한 장씩 붙인다.
3 모둠별로 선생님이 요구하는 답을 만든다. 예를 들어 "3명이 모여 10을 만드세요." 하면 4, 1, 5 숫자를 붙인 세 사람이 모인다.
4 숫자를 완성한 사람끼리 손을 잡고 달려 반환점을 돌아온다. 먼저 들어오는 모둠이 승리한다.

18 20은 싫어

• **관련 단원** 1-1 수학 3단원, 1-2 수학 1단원, 2-1 수학 3단원

수의 순서와 개념을 이해하는 활동이다. 저학년의 경우 수의 순서를 헷갈려 하거나 건너뛰는 경우가 있으니 즐겁게 놀이를 하면서 차례대로 순서를 익히 도록 한다.

놀이 방법

1 두 명을 한 모둠으로 한다.
2 가위바위보로 순서를 정하고 이긴 사람부터 '1' 또는 '1, 2'와 같이 한 개 의 수나, 두 개의 수를 부를 수 있다.
3 번갈아가며 숫자를 말하다가 '20'을 부르는 사람이 지게 되는 놀이다.
4 학생들의 수준에 따라 30까지 부르도록 해도 되고, 세 명이 함께 활동해도 된다.

19 도형 놀이

- **관련 단원** 1-1 수학 2단원, 1-2 수학 3단원, 2-1 수학 2단원
- **준비물** 종이컵, 우유갑, 가위, 이쑤시개, 줄, 나무젓가락, 뿅망치, 자, 색연필, A4 종이, 도화지, 성냥개비, 셀로판테이프, 라인기

원 팽이와 사각형 팽이 만들기, 운동장에 원 그리기, 원 술래잡기, 사각형 딱지와 우유갑 딱지 놀이, 여러 도형으로 집 꾸미기, 점을 연결하여 도형 많이 그리기, 여러 도형을 접어 뺑튀기 종이 접기 등의 활동으로 도형을 배우며 공간지각능력을 키우는 활동이다.

01 원 팽이 만들기

1 도화지에 원을 그린다. 원을 그릴 때는 컵과 같은 원 모양의 물건을 이용하거나 모형자를 이용한다.
2 원을 자유롭게 색칠하거나 가운데를 중심으로 부분을 나누어 색을 칠하며 예쁘게 꾸민다.
3 가운데에 성냥개비나 이쑤시개를 끼우고 테이프로 고정시킨다.
4 누구 팽이가 더 오래 도나 팽이 돌리기를 한다.

02 종이컵 팽이 만들기

1 종이컵 밑 부분을 남기고 가위로 오린다. 날개 부분을 남겨도 좋다.
2 남긴 밑부분을 자유롭게 색칠하거나 가운데를 중심으로 부분을 나누어 색

을 칠하며 예쁘게 꾸민다.

3 가운데에 성냥개비나 이쑤시개를 끼우고 테이프로 고정시킨다.

4 누구 팽이가 더 오래 도나 팽이 돌리기 놀이를 한다.

5 같은 방법으로 우유갑을 활용해도 좋다.

△●▲
03 운동장에 원 그리기

1 두 명을 한 모둠으로 짝 활동을 한다.

2 모둠마다 길이가 다른 줄 한 개과 나무젓가락 두 개를 나눠준다.

3 두 개의 나무젓가락에 줄을 묶는다. 묶기 어려운 학생은 선생님이나 친구
   의 도움을 받는다.

4 한 사람은 나무젓가락을 한 곳에 고정시키고, 다른 사람은 나무젓가락을
   땅에 대고 돌려 원을 만든다.

5 라인기를 사용하여 다 만든 모둠의 원을 흰색 가루로 칠한다.

△●▲
04 운동장에 그린 원으로 술래 잡기

1 위의 활동에서 그린 원을 활용한 놀이다. 두 명이 원 안으로 들어간다. 두
   명은 한몸처럼 항상 손을 잡고 다녀야 한다.

2 선생님이 호루라기를 불면 자기 원에서 나와서 다른 사람의 원으로 이동
   한다. 이때도 둘이 항상 손을 잡고 다니는데 손을 놓치면 술래가 된다.

3 다른 원으로 들어가기 전에 선생님의 뿅망치에 잡히면 술래가 된다.

4 호루라기가 울리면 술래가 된 사람은 뿅망치를 들고 다른 사람을 잡는다.
   물론 술래도 둘이 항상 손을 잡고 다닌다.

5 두 명이 함께 협동심을 발휘해서 민첩하게 움직이도록 한다.

05 도형 많이 만들기

1 둘이 한 모둠으로 짝 활동을 한다. 각각 다른 색연필을 준비한다.

2 종이에 각각 점 15개씩 총 30개의 점을 자유롭게 찍는다.

3 한 사람이 먼저 점을 3개 연결하여 삼각형을 그리고 색칠한다.

4 다음 사람은 먼저 사람이 그린 삼각형의 한 변을 활용하여 삼각형을 그린다. 삼각형을 그릴 때는 반드시 점과 점을 연결해야 한다.

5 더 이상 그릴 수 없을 때까지 그린다. 둘이 합쳐서 몇 개의 삼각형을 그렸는지 확인해 본다.

6 다음 활동에서는 점 4개를 연결하여 사각형을 그리거나 점 5개를 연결하여 오각형 그리기를 할 수 있다.

06 사각형 딱지 접어 놀이하기

1 A4 종이 두 장을 이용하거나 폐지를 이용한다.

2 다양한 크기의 딱지를 접어 예쁘게 색칠한다.

3 딱지 치기를 한다.

4 우유갑을 접어 딱지를 만들 수 있다.

○ ● ▲

07 색종이 도형으로 집 모양 꾸미기

1 두 명을 한 모둠으로 한다.

2 색종이로 네모, 세모, 원 모양을 접거나 오린다. 원 모양을 만들 때는 컵이나 모형자를 이용한다.

3 둘이 협동하여 도화지에 색종이를 붙여 집 모양 꾸미기를 한다.

4 탑 모양, 새 모양, 자동차 모양 등 다양하게 만들어본다.

○ ● ▲

08 도형으로 그림 그리기

1 두 명을 한 모둠으로 한다. 서로 다른 색연필을 준비한다.

2 한 사람이 먼저 삼각형, 사각형, 원의 모양 중에서 하나를 도화지에 그린다. 절대로 서로 말을 하면 안 된다.

3 다음 사람도 삼각형, 사각형, 원의 모양 중에서 하나를 도화지에 그린다. 역시 무엇을 표현하려고 하는지 절대로 서로 말을 하면 안 된다.

4 번갈아가며 그린 다음에 무엇을 표현하려고 했는지 서로 의견을 나눈다. 그리고 잘된 점, 아쉬운 점을 함께 이야기한다.

5 처음에는 선생님이 주제를 정해 주도록 한다. (예 : 집, 강아지, 새, 자동차, 탑 등 다양하게 그려보세요.)

09 실뭉치로 여러 가지 도형 만들기

1 반 전체가 모두 둥글게 자리에 앉아 실뭉치를 준비한다.

2 시작하는 사람이 긴 줄의 끝 부분을 잡고 실뭉치를 주고 싶은 사람에게 던져준다.

3 실뭉치를 받은 사람은 실을 잡고 실뭉치를 또 주고 싶은 사람에게 던져준다. 실이 다 풀릴 때까지 계속한다.

4 실로 여러 가지 도형을 만들어보며 어떤 도형이 만들었는지 살펴본다.

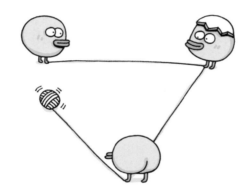

10 선생님이 부르는 도형 찾아오기

1 네 명을 한 모둠으로 하고 모둠별로 앉는다.

2 선생님이 "동그라미 모양!"을 외치면 동그라미 모양으로 생긴 물체를 책상 위에 올려놓는다.

3 선생님이 제시하는 모양의 물체를 찾으면 점수를 얻는다.

11 도형 징검다리 건너기

1 네 명을 한 모둠으로 모둠별로 활동한다.

2 모둠별로 색종이로 네모 모양 10개, 세모 모양 10개, 원 모양 10개의 조각을 오린다.

3 교실에 3m의 간격을 두고 선을 두 개 긋는다. 선 안에 오린 도형을 전부 깔아 놓는다. 한 모둠씩 나와서 선생님이 "세모 모양!"을 외치면 세모 모양 색종이를 밟으며 모둠 원 전체가 건너편 선 쪽으로 건너간다.

4 선생님이 부르는 모양을 밟고 모두 선을 건너면 점수를 얻는다.

12 몸으로 도형 만들기

1 네 명을 한 모둠으로 교실 바닥에 모둠별로 앉는다.

2 선생님이 "네모 모양!"을 외치면 네 명이 손을 잡고 네모 모양을 만든다.

3 선생님이 제시하는 모양을 만들면 점수를 얻는다.

20 탑 쌓기

- **관련 단원** 1-1 수학 2단원, 1-2 수학 3단원, 2-1 수학 5단원, 2-2 수학 3단원
- **준비물** 성냥개비

성냥개비나 이쑤시개를 탑 모양으로 높이 쌓아올리는 놀이로 협동심을 키우는 활동이다. 길이 비교나 도형 단원에 적용하면 좋다.

놀이 방법

1 두 명 혹은 네 명이 한 모둠이 되어 성냥개비를 높이 쌓아 올린다.
2 제한된 시간 안에 무너뜨리지 않고 높이 쌓은 모둠이 승리한다.

놀이의 팁

- 친구와 함께 쌓는 활동을 하며 협동심과 집중력을 기를 수 있다.
- 자연보호와 재활용 교육을 위하여 성냥개비 대신에 병뚜껑으로도 할 수 있으며 야외에서는 조약돌이나 종이컵, 나뭇가지나 운동장에 있는 돌을 주워서 해도 좋다.

21 복권을 잡아라

• **관련 단원** 1-2 수학 2단원, 2-1 수학 3단원

상대 팀이 낸 연산 문제를 푸는 게임으로 단원을 정리할 때 활용하면 좋은 활동이다. 획득 점수가 높은 복권 문제를 풀면 점수로 역전이 가능해 놀이에 즐겁게 참여한다.

놀이 방법

1   네 명을 한 모둠으로 한다.
2   모든 모둠은 학습한 내용으로 문제를 네 개씩 만든다. (예 : 3+2=?, 3+5=?, 8-3= ? 등) 우리 모둠의 문제를 다른 모둠이 푼다. 한 문제를 맞힐 때마다 10점을 얻는다.
3   한 문제는 복권 문제라고 표시한다. 복권이라고 쓴 문제를 풀면 60점을 얻는다.
4   점수가 높은 모둠이 승리한다.

22 숨은 그림 찾기

- **관련 단원** 1-1 수학 4단원, 2-1 수학 3단원
- **준비물** 빙고판

카드에 있는 문제를 풀면서 문제 뒤에 숨어 있는 그림을 찾아내는 놀이로 연산 능력을 기르는 데 좋은 활동이다.

△ ● ▲
놀이 방법

1 네 명을 한 모둠으로 한다. 가위바위보를 해서 이긴 모둠이 먼저 카드 하나를 선택해서 카드에 적힌 문제를 풀고 정답을 맞히면 그 카드를 떼어 낸다.

2 '4+4' 카드를 떼어내면 카드 뒤에 숨은 그림이 조금 보이게 된다. 문제의 정답을 맞힌 모둠이 카드 뒤의 숨은 그림이 무엇인지 말한다. 답이 틀리면 기회는 상대 모둠에게 넘어간다.

3 모둠끼리 번갈아가며 하다가 숨은 그림을 먼저 말하는 모둠이 승리한다.

4 선생님은 학생들의 학년 수준에 맞는 그림을 선택해서 문제를 만들도록 한다.

4+2	7+8	2+6
4+3	4+4	4+5
8+6	7+2	3+8

23 종이 구겨 던지기

• **관련 단원** 1-1 수학 1단원, 2-1 수학 1단원
• **준비물** 재활용 종이

눈을 뭉치듯 종이를 구겨 상대 모둠에게 던지는 놀이로 많이 던지는 모둠이 우승하는 활동이다. 수의 비교를 익히는 데 도움이 된다.

△ ● ▲
놀이 방법

1 두 모둠끼리 서로 마주 보고 선다.
2 제한 시간을 주고 선생님의 신호에 따라 종이를 구겨 상대 모둠에게 던진다.
3 우리 모둠에 날아온 종이를 주워서 상대 모둠 쪽으로 최대한 많이 던진다.
4 제한 시간이 지난 후 종이가 적게 남아 있는 모둠이 승리한다.

24 종이컵 배달하기

• **관련 단원** 1-1 수학 1단원, 2-1 수학 1단원
• **준비물** 종이컵, 나무젓가락

입으로 나무젓가락을 물고 종이컵을 전달하는 놀이다. 수준에 따라 컵 한 개에 10점씩, 100점씩 점수를 부여하여 수의 비교를 이해하는 데 도움을 줄 수 있다.

△ ● ▲
놀이 방법

1   열 명을 한 모둠으로 한다.
2   열 명이 나무젓가락을 입에 물고 한 줄로 선다.
3   시작 신호가 울리면 모둠의 첫 번째 사람이 입에 문 나무젓가락으로 컵을 들어올리고 다음 사람에게 전달한다. 물론 손을 대지 않아야 하며 전달하다가 컵이 땅에 떨어지면 다시 주울 수 없다.
4   종이컵을 빨리 전달해서 점수를 많이 얻는 모둠이 승리한다.

25 눈치 게임

• **관련 단원** 1-1 수학 1단원, 2-1 수학 1단원

둥글게 모여 앉은 학생들이 1부터 숫자를 세며 일어나는 눈치 게임으로 수의 순서를 익히며 순발력을 기르는 데 도움이 되는 활동이다.

놀이 방법

1   열 명씩 둥글게 모여 앉는다.

2   한 명씩 숫자를 부르며 일어난다.

3   예를 들어 누군가 "1"을 부르고 일어나면, 다른 사람은 "2"를 부르고 일어난다. "2"를 부르고 일어난 사람이 둘 이상일 때는 같이 일어난 사람이 모두 술래가 된다. 서로 눈치를 보며 누군가 일어날 사람이 없을 때 빨리 다음 숫자를 말하고 일어나야 한다.

4 숫자 10까지 아무도 중복해서 일어나는 사람이 없을 때는 맨 마지막에 일어난 사람이 술래가 된다.

▲ ● △

놀이의 팁 Tip

- 서로 눈치를 보다 침묵이 흐르고 있을 때 같이 일어나는 학생들이 생기게 되는데 그때 학생들이 무척 즐거워한다.
- 인원이 열 명이 넘으면 끝 번호까지 가기가 힘들어지므로 한 모둠은 열 명 이내로 하는 것이 좋다.

26 계단 박수

• **관련 단원** 1-1 수학 1단원, 2-1 수학 1단원

계단식으로 수를 늘려가거나 또는 줄여가면서 박수를 치며 웃는 놀이다. 친구와 신체 접촉을 하면서 친해지는 데 도움이 되는 활동이다.

놀이 방법

1 선생님이 "박수 준비!" 하면 모두 양손을 어깨 넓이 만큼 벌리면서 "얏" 하고 구령을 한다.
2 "박수 시작!" 하면 '한 번 두 번 세 번 네 번 다섯 번 네 번 세 번 두 번 한 번' 계단식 박수를 치면서 '하 하하 하하하 하하하하 하하하하하 하하하하 하하하 하하 하' 하고 웃는다.
3 처음에는 혼자 박수를 치고, 다음에는 짝이랑 마주 보고 양손으로 박수를 쳐본다.

놀이의 팁 Tip

• 일어서서 하면 동작을 크게 할 수 있으며 학년 수준에 맞게 박수의 숫자를 조절할 수 있다.
• 서로 등을 맞대고 서서 다리는 움직이지 않고 허리만 돌려 뒤돌아보며 박수를 칠 수 있다.
• 박수를 칠 때 손뼉만 치지 말고 무릎을 먼저 치고 박수를 치게 할 수도

있다. 무릎 한 번, 손뼉 한 번 / 무릎 두 번, 손뼉 두 번 / 무릎 세 번, 손뼉
세 번과 같이 활용할 수 있다.

- 선생님은 학생들이 큰 목소리로 웃으며 자신감을 키울 수 있도록 지도
  한다.

27 18점을 올려라

• **관련 단원** 1-1 수학 3단원, 1-2 수학 4단원, 2-1 수학 3단원
• **준비물** 주사위

주사위를 던져 합한 점수가 18점에 가까운 팀이 승리하는 놀이다. 연산을 이해하는 데 도움이 되는 활동이다. 수준에 맞게 점수를 더 큰 수로 바꿔도 좋다.

놀이 방법

1   네 명을 한 모둠으로 모둠별 활동을 한다.
2   모둠원이 한 번씩 주사위를 던져 나온 숫자를 더한다.
3   모둠별로 점수를 합쳐서 18점, 또는 18점에 가장 가까운 근사치에 해당하는 모둠이 승리한다.
4   '주사위 10번 던져서 30점 만들기' 또는 '제일 높은 점수 얻기'로 변형할 수 있다.

28 다리의 숫자를 맞춰요

- **관련 단원** 1-1 수학 3단원, 2-1 수학 3단원
- **준비물** 신문지, 보드

선생님이 부르는 숫자에 다리의 수를 맞추는 놀이다. 모둠별 활동으로 협동심을 기를 수 있다.

놀이 방법

1   네 명을 한 모둠으로 하고 신문지나 보드 위에 모둠원이 모두 올라간다.
2   선생님이 "다리 3개!" 하고 외치면 한 명이 다른 한 명을 업고 있고, 또 다른 한 명은 외다리로 다른 한 명을 업고 깨금발을 해야 다리 3개가 된다.
3   선생님이 "다리 4개!" 하고 외치면 모둠은 다리 4개를 만든다. 네 명이 한 모둠일 경우에는 모둠원 모두가 깨금발을 하면 된다. 5초 동안 유지하면 성공이다.
4   운동장에 원을 그려서 하는 것도 좋다.

29 박수 치기

• **관련 단원** 1-1 수학 1단원, 2-1 수학 1단원

박수를 치며 덧셈 뺄셈을 하는 놀이로 연산 능력을 키우는 데 도움이 되는
활동이다.

○●▲
01 더하기 2 박수

1 선생님이 손가락을 2개 펴면 2를 더하여 박수를 네 번 친다.

2 선생님이 손가락을 3개 펴면 2를 더하여 박수를 다섯 번 친다.

3 학년 수준에 따라 숫자를 조절할 수 있다.

○●▲
02 빼기 2 박수

1 선생님이 손가락을 5개 펴면 2를 빼서 박수를 세 번 친다.

2 선생님이 손가락을 8개 펴면 2를 빼서 박수를 여섯 번 친다.

3 학년 수준에 따라 숫자를 조절할 수 있다.

30 땅따먹기

- **관련 단원** 1-1 수학 3단원, 1-2 수학 4단원, 2-1 수학 3단원
- **준비물** 활동지, 색연필

이웃하는 수를 합하여 10이 되는 수를 골라 색칠하면서 덧셈을 익히는 놀이다. 연산 능력을 키우는 데 도움이 되는 활동이다.

놀이 방법

1 짝과 함께하는 짝 활동이다.

2 종이에 100칸을 만들고 9 이하의 수를 무작위로 쓴다.

1	2	3	4	5	6	7	8	9	0
4	5	6	7	8	9	3	2	1	1
1	3	4	7	5	4	3	2	4	2
8	7	6	5	4	3	2	1	1	3
3	4	5	6	2	3	4	5	3	7
8	7	6	5	4	3	2	2	1	5
4	5	6	2	1	3	4	5	6	6
2	3	4	3	4	6	7	4	2	7
3	4	5	3	2	1	1	2	2	8
2	3	2	1	2	3	4	5	6	9

3 서로 다른 색연필을 사용해서 가위바위보로 이긴 사람부터 가로나 세로의 이웃하는 수를 합하여 10이 되는 수를 찾아 색칠한다.

4 짝과 번갈아가며 한 번씩 색칠을 한다.

5 더 이상 색칠할 곳이 없으면 게임을 끝내고 색칠한 칸이 많은 사람이 승리한다.

31 공깃돌 가위바위보

- **관련 단원** 1-1 수학 3단원, 1-2 수학 4단원, 2-1 수학 3단원
- **준비물** 공깃돌

서로 부르는 숫자와 합이 일치하면 숫자를 부른 사람이 1점을 얻는 덧셈
놀이다. 수준에 따라 수를 다르게 할 수 있으며 연산 능력을 기르는 데 도
움이 되는 활동이다.

놀이 방법

1 짝과 함께하는 짝 활동으로 한 사람이 공깃돌을 10개씩 갖는다.
2 서로 상대방 몰래 손에 공깃돌을 몇 개 감춘 다음 가위바위보를 해서 이긴
   사람부터 20 이하의 수를 부른다. 만약 내가 공깃돌 4개를 갖고 있고 "7"
   을 불렀는데 짝이 공깃돌 3개를 갖고 있다면 7이라는 수를 맞혔기 때문에
   수를 말한 사람이 1점을 얻게 된다. 수가 틀리면 점수를 얻지 못한다.
3 짝과 번갈아가며 한 번씩 수를 말한다.
4 제한 시간 동안 더 많은 점수를 획득한 사람이 승리한다.

놀이의 팁 Tip

- 한 사람이 공깃돌 5개를 갖고 시작할 때는 수를 10까지 부르면 된다.

32 땅 사냥

- **관련 단원** 1-1 수학 3단원, 1-2 수학 4단원, 2-1 수학 3단원
- **준비물** 활동지, 바둑알

출발선에 바둑알을 놓고 손가락으로 튕긴 바둑알이 땅에 들어가면 땅을 색칠하고 땅에 적힌 수를 점수로 얻게 되는 놀이다. 연산 능력을 기르는 데 도움되는 활동이다.

놀이 방법

1 짝과 둘이 하는 짝 활동이다. 서로 다른 색연필을 사용한다.
2 25칸을 만들고 9 이하의 수를 무작위로 쓴다.

바둑알 놓는 자리				
1	2	1	4	1
2	3	4	7	5
8	7	6	5	9
3	2	4	6	2
4	1	1	2	1
바둑알 놓는 자리				

3 가위바위보로 이긴 사람부터 출발선에 바둑알을 놓고 손가락으로 튕긴다. 튕긴 바둑알이 들어간 땅을 색칠하고 땅에 적힌 수를 점수로 얻게 된다. 바둑알이 선에 걸치거나 땅에 들어가지 못하면 점수를 얻지 못한다.

4 짝과 번갈아가며 한 번씩 바둑알을 튕긴다.

5 더 이상 색칠할 땅이 없으면 게임을 끝내고 자기가 색칠한 땅에 적힌 수를 모두 합하여 점수가 높은 사람이 승리한다.

33 규칙성 찾기

• **관련 단원** 1-1 수학 3단원, 1-2 수학 5단원, 2-1 수학 3단원

수에서 반복되는 규칙을 찾으며, 연산 능력과 문제해결 능력을 기르는 데 도움을 주는 활동이다.

△●▲
놀이 방법

1   네 명이 한 모둠으로 모둠별 활동을 한다.

2   돌아가면서 한 명이 문제를 내면 나머지 세 명이 문제의 규칙성을 찾는다. 규칙성을 찾은 사람은 1점을 획득한다.

3   예를 들어 아래와 같은 문제를 낼 수 있다.

"다음은 어떤 규칙이 있나요? 괄호 안에는 어떤 수가 들어갈까요?"

2 - 4 - 6 - 8 - (   )

5 - 10 - 15 - 20 - (   )

34 덧셈 뺄셈 기차놀이

- **관련 단원** 1-1 수학 3단원, 1-2 수학 5단원, 2-1 수학 3단원
- **준비물** 검정 고무줄

기차 놀이를 하며 정거장에 설 때 덧셈과 뺄셈을 하는 놀이로 연산 능력을 키우는 데 도움이 되는 활동이다.

놀이 방법

1 반 전체가 함께 활동한다.

2 고무줄을 묶어 기차를 만들고 가위바위보를 해서 이긴 사람 두 명을 기관사로 정한다. 기관사 한 사람은 앞에 서고, 한 사람은 맨 뒤에 선다.

3 적당한 간격으로 4개의 정거장을 만들고 다른 학생들은 정거장에 나누어 일렬로 선다.

4 1번과 3번 정거장은 덧셈 정거장이다. 기차가 첫 번째 덧셈 정거장에 도착하면 앞에 있는 기관사가 "더하기 3입니다." 하며 수를 말한다. 그럼 첫 번째 정거장에 있던 학생 세 명이 순서대로 기차에 올라탄다.

5 2번과 4번 정거장은 뺄셈 정거장이다. 기차가 두 번째 뺄셈 정거장에 도착하면 뒤에 있는 기관사가 "빼기 2입니다." 하며 수를 말한다. 그럼 기차 안에 있던 학생 두 명이 앞에서부터 순서대로 기차에서 내린다.

6 기차가 출발선에 다시 도착하면 기관사를 바꾸고 활동을 계속한다.

지도서와 함께 보는
교과서 단원별 놀이 총정리

저학년 학생들만큼 놀이에서 '술래'를 하고 싶어 하는 학생들이 있을까요?
학생들은 놀이에서 자존감을 찾으며 한 뼘 성장합니다.
그리고 '나 자신'이 중심인 생활에서 점차 친구들을 배려하고 존중하는
'공동체'가 중심인 생활로 나아가게 됩니다.
비슬즐 수업 놀이에서는 '교실에서 뛰지 말아요', '가족 이어달리기',
'손님 모시기', '지금의 이웃을 사랑하나요?' 등 작은 사회로 나온 학생들이 사회 구성원으로서
자기 역할을 톡톡히 해나갈 만한 놀이들을 모았습니다.
선생님과 친구들과의 상호작용으로 의사소통을 원만히 해나가는 능력을 키워가고,
창의적 사고와 감성을 기르는 데 도움이 되는 비슬즐 놀이.
그럼 이제부터 시작해 볼까요?

Part 3
바슬즐 수업 놀이

단원별 놀이 찾아보기

01 가라사대 게임

• **관련 단원** 2-1 봄 2단원, 2-1 여름 2단원

'가라사대'라는 말이 들어갈 경우에만 선생님이 말하는 대로 행동하는 놀이로 규칙이 쉽지만 학생들이 많이 틀리는 게임이다. 집중력을 기를 수 있는 놀이며 수업 중 짧은 시간에 활동할 수 있어 활용하기 좋다.

놀이 방법

1   선생님의 이야기 가운데 '가라사대'라는 말이 들어갈 경우에만 선생님이 지시하는 대로 행동하는 놀이다.
2   예를 들어 선생님은 "가라사대 오른손 올리세요. 왼손도 올리세요, 잘 안 속는 군요. 가라사대 왼손도 올리세요. 됐습니다. 내리세요, 네 똑똑하시네요. 진짜로 내리셔도 됩니다. 가라사대 내리세요. 가라사대 두 손을 다 위로 올리세요."와 같이 말할 수 있다.
3   선생님이 '가라사대'라는 말을 하지 않았는데 따라하면 탈락한다.
4   '가라사대' 대신에 '반짝반짝'이란 단어와 같이 흉내 내는 말을 사용해도 좋다.

02 배에 친척들 태우고 여행 가기

- **관련 단원** 1-1 여름 1단원, 2-1 여름 1단원
- **준비물** A4 종이, 사인펜, 색연필

누구나 쉽게 접을 수 있는 배를 만들어, 배에 친척을 태우고 여행을 하는 놀이다. 친척 관계 익히기, 역할극 하기 등 다양한 활동을 할 수 있어 학생들의 참여도가 높다.

⌂ ● ▲
놀이 방법

1   짝과 함께하는 짝 활동이다. 여러 종류의 배를 만들고 색연필로 꾸민다.

2   배에 친척을 태우고 여행을 가는 놀이를 한다. 짝과 묻고 답하며 역할극 놀이를 할 수 있다. 예를 들어 "어느 나라를 가는 배인가요?", "누구랑 가는 여행인가요?", "무엇을 준비하셨나요?"와 같이 질문할 수 있다.

3   선생님은 친척 관계를 칠판에 적어주고 학생들의 이해를 돕는다.

03 노래 부르며 율동하기

• **관련 단원** 1-1 여름 1단원, 1-2 겨울 1단원, 2-1 여름 1단원

율동하며 노래 부르기는 저학년 학생들이 좋아하는 활동이라 열심히 참여한다. 〈머리 어깨 무릎 발〉, 〈세계의 아침인사〉, 〈인사 노래〉 등의 다양한 활동으로 〈이웃〉 단원을 지도할 때나 다문화 교육을 할 때 활용하면 좋다.

01 가사에 어울리는 율동하며 노래 부르기

1 모두 다 함께 〈머리 어깨 무릎 발〉 노래를 부르며 율동한다.
  "머리 어깨 무릎 발 무릎 발 / 머리 어깨 무릎 발 무릎 발 무릎 / 머리 어깨 발 무릎 발 / 머리 어깨 무릎 귀 코 귀"

2 처음에는 노래에 맞춰 해당 부위를 손으로 짚는다.

3 두 번째 부를 때 '머리' 부분은 노래를 부르지 않고 손으로 머리만 짚는다. (예 : 00 어깨 무릎 발 무릎 발~)

4 세 번째 부를 때는 '머리'와 '어깨'를 부르지 않고 손으로만 짚는다. (예 : 00 00 무릎 발 무릎 발~)

5 한 부위씩 노래를 부르지 않고 손으로 그 부위를 짚는다.

6 틀리는 사람이 벌칙을 받는다.

02 선생님이 지시하는 신체 부위 짚기

1 다 같이 〈머리 어깨 무릎 발〉 노래를 부르다 마지막 '귀 코 귀' 부분에서

선생님이 지시하는 신체 부위를 짚는다.

2 예를 들어 선생님은 "귀 코 입" 하면서 입을 짚지 않고 귀를 만진다. 선생님을 따라 귀를 만지면 틀리게 된다.

03 〈세계의 아침 인사〉 부르며 다양한 표정 짓기

1 〈세계의 아침 인사〉 노래를 부른다.
"세계의 친구들과 아침 인사 해보자 / 세계의 친구들은 어떻게 인사할까 / 미국 친구는 굿모닝 일본 친구는 오하이오 / 프랑스 친구는 봉주르 독일 친구는 구텐몰겐"

2 기본 박자를 치며 노래를 부른다.
"세계의 친구들과 (손으로 무릎 두 번 손뼉 두 번) 아침 인사 해보자 (손으로 무릎 두 번 손뼉 두 번) / 세계의 친구들은 (손으로 무릎 두 번 손뼉 두 번) 어떻게 인사할까 (손으로 무릎 두 번 손뼉 두 번) / 미국 친구는 굿모닝 (손으로 무릎 두 번 손뼉 두 번) 일본 친구는 오하이오 (손으로 무릎 두 번 손뼉 두 번) / 프랑스 친구는 봉주르 (손으로 무릎 두 번 손뼉 두 번) 독일 친구는 구텐몰겐 (손으로 무릎 두 번 손뼉 두 번)"

3 다양한 표정을 지으며 노래를 부른다.
"세계의 친구들과 (손으로 무릎 두 번 손뼉 두 번) 아침 인사 해보자 (두 손을 자기 얼굴에 대고 짝과 마주 본 후 양손을 벌리면서 웃는 표정을 보여준다.) / 세계의 친구들은 (손으로 무릎 두 번 손뼉 두 번) 어떻게 인사할까 (두 손을 자기 얼굴에 대고 짝과 마주 본 후 양손을 벌리면서 웃는 표정을 보여준다.) / 미국 친구는 굿모닝 (손으로 무릎 두 번 손뼉 두 번) 일본 친구는 오하이오(두 손을 자기 얼굴에 대고 짝과 마주 본 후 양손을 벌리면서 웃는 표정을 보여준다.) / 프랑스 친구는 봉주르 (손으로 무릎 두 번 손뼉 두 번) 독일 친구는 구텐몰겐 (두 손을 자기 얼굴에 대고 짝과 마주 본 후 양손을 벌리면서 웃는 표정을 보여준다.)"

04 〈인사 노래〉 부르며 게임하기

1 다 같이 〈인사 노래〉를 부른다.

"안녕 안녕 안녕하세요 / 오늘도 만나서 반갑습니다 / 오른손 내밀어 악수합시다 / 하하하 웃으며 악수합시다"

2 안쪽과 바깥쪽으로 두개의 원을 만들고 선 뒤 안쪽 사람과 바깥쪽 사람이 서로 마주 본 후 오른쪽으로 한 발씩 움직이며 노래를 부른다.

3 노래가 끝나면 마주 보는 두 사람이 서로 가위바위보를 한다

4 진 사람이 벌칙을 받는다. 예를 들어 설날에 하는 세배 인사하기, 이긴 사람을 업고 제자리에서 두 바퀴 돌기, 안마해 주기 같은 벌칙을 받을 수 있다.

04 친구 소개하기

- **관련 단원** 1-1 봄 1단원, 2-1 봄 1단원, 1-2 가을 1단원
- **준비물** 공

친구를 자세히 소개하는 활동으로 학생의 참여도가 높다. 수업 중 짧은 시간에 할 수 있으며 신학기 친구를 사귈 때 유용한 놀이다.

01 짝이 나인 것처럼 소개하기

1   짝과 한 모둠이 되어 모둠 활동을 한다.
2   짝에게 이름, 사는 곳, 좋아하는 색, 좋아하는 음식, 잘하는 것, 장래 희망, 자랑하고 싶은 것, 가보고 싶은 곳 등을 물어본다. 적을 수 있으면 적는 것도 좋다.
3   서로 소개가 끝나면 짝과 같이 일어나서 나를 소개하는 것처럼 짝을 소개한다. 남학생이지만 짝이 여학생이라면 "저는 영희입니다. 저는 피자를 아주 좋아합니다. 저는 장래 꿈이 발레리나입니다. 감사합니다." 하고 짝을

소개하도록 한다. 성별이 바뀌면 학생들이 더욱 즐거워한다.

◻●▲
02 공을 던지며 나를 소개하기

1 모두 다 함께 둥글게 모여 앉는다.
2 공을 던지며 궁금한 것을 질문한다. "이름이 무엇입니까?"
3 공을 받은 사람은 질문에 답을 한다. "이영희입니다." 그리고 질문하고 싶
   은 사람에게 공을 던지며 다시 질문한다. "좋아하는 음식은 무엇입니까?"
4 학생들이 돌아가며 서로 소개하도록 한다.

◻●▲
03 아이 엠 그라운드 친구 이름 소개하기

1 모두 다 함께 둥글게 모여 앉는다.
2 '아이 엠 그라운드 친구 이름 대기'를 놀이하며 소개한다. 네 박자를 치며
   (무릎 한 번, 손뼉 한 번, 오른손 엄지, 왼손 엄지) 다 같이 "아이 엠 그라운드 친구
   이름 대기"를 한다.
3 선생님이 먼저 "김철수" 한다. 그러면 김철수가 이어서 네 박자에 맞춰
   "이영희" 하면 이영희가 또 다른 친구 이름을 대며 계속한다.
4 친구 이름을 대지 못하거나 박자가 맞지 않으면 벌점을 얻는다.
5 여덟 명 정도로 모둠을 만들고 활동해도 좋다.

◻●▲
04 〈당신은 누구십니까?〉 노래하며 소개하기

1 모두 다 함께 둥글게 모여 앉는다.

2 선생님이 먼저 한 학생을 손으로 가리키면 다 같이 〈당신은 누구십니까?〉 노래를 한다. 지적당한 학생이 "나는 이영희" 하면 학생을 가리킨 선생님이 "그 이름은 아름답구나(씩씩하구나, 예쁘구나, 멋있구나 등)" 한다.

3 다시 호명당했던 이영희가 다른 학생을 가리키면 다 같이 "당신은 누구십니까?" 노래를 한다.

4 이렇게 반복하며 학생들이 스스로 소개하도록 한다. 친구를 가리키지 못하거나 박자를 놓치면 벌점을 얻는다.

5 여덟 명 정도로 모둠을 만들어 활동해도 좋다.

05 〈누가 꿀떡을 먹었니?〉 노래하며 소개하기

1 모두 둥글게 모여 앉는다.

2 선생님이 먼저 "누가" 하면, 네 박자를 치면서 다 같이 "꿀떡을 먹었니 항아리에서" 한다.

3 선생님이 "이영희가 먹었지 항아리에서" 한다.

4 이영희가 "내가?" 하면 그럼 다 같이 "그래 너!" 한다. 이영희가 "난 아니야!" 하면 그럼 다 같이 "그럼 누구?" 한다. 그럼 이영희가 다른 친구 이름을 대며 "김철수가 먹었지 항아리에서" 한다. 김철수가 "내가?" 하면 다 같이 "그래 너!" 한다. 김철수 학생은 "난 아니야!" 하며 계속한다.

5 친구 이름을 대지 못하거나 박자를 놓치면 벌점을 얻는다.

05 올가미 낚시

- **관련 단원** 1-2 겨울 1단원
- **준비물** 빨랫줄, 신발

빨랫줄에 올가미를 만든 후 던져서 원 안에 있는 신발을 끌어오는 놀이로 여러 친구들을 사귀며 친하게 지낼 수 있는 활동이다.

놀이 방법

1   네 명이나 여섯 명을 한 모둠으로 만든다.
2   준비한 빨랫줄로 올가미를 만든다.
3   적당한 크기의 원을 그리고 각자 신발을 원 가운데에 넣는다.
4   먼저 A팀 학생에게 올가미를 만든 빨랫줄을 하나씩 준다.
5   제한된 시간인 1분 안에 올가미를 던져 아무 신발이나 원 밖으로 끌어오고 끌어온 신발의 개수만큼 점수를 얻는다.
6   선생님은 여러 명이 한 개의 신발에 집중하여 올가미를 던지면 쉽게 끌어올 수 있으므로 서로 협동해야 한다는 것을 이야기해 준다.

06 술래잡기

- **관련 단원** 1-1 여름 1단원, 1-2 가을 1단원, 2-1봄 1단원, 2-1 여름 2단원
- **준비물** 훌라후프, 뿅망치, 줄넘기, 방울, 눈가리개

술래잡기는 학생들이 가장 많이 하는 놀이 중 하나다. 다양한 술래잡기를 통해 친구와 사이좋게 지낼 수 있도록 하는 체육 활동이다.

01 바나나 술래잡기

1   활동 구역을 표시하고 선생님이 먼저 술래를 한다.
2   술래는 뿅망치를 갖고 다니며 다른 사람을 잡는다. 술래를 피해 다니다가 술래에게 잡힐 것 같으면 양손을 머리 위로 올리며 "바나나!" 하고 선다.
3   다른 친구 두 명이 와서 양손을 "바나나" 하고 내려주면 다시 자유롭게 움직일 수 있다.
4   술래에게 잡힌 사람이 술래가 되어 게임을 계속한다.

02 지남철 술래잡기

1 활동 구역을 표시하고 선생님이 먼저 술래를 한다.

2 술래에게 잡히면 잡힌 사람도 술래가 된다. 술래끼리 손을 잡고 다니며 다른 사람을 잡는다.

3 술래가 네 명이 되면 움직이기 힘들므로 두 명씩 분리하여 다닐 수 있다. 두 팀이 협력하며 몰아가서 친구들을 잡을 수 있다.

4 모든 학생들이 술래가 될 때까지 계속한다.

03 허수아비 술래잡기

1 활동 구역을 표시하고 선생님이 먼저 술래를 한다.

2 술래는 뿅망치를 갖고 다니며 다른 사람을 잡는다.

3 술래에게 잡히면 잡힌 사람은 그 자리에서 술래가 된다. 허수아비처럼 다른 곳으로 이동할 수 없지만 손을 휘저으며 지나가는 사람을 잡을 수 있다. 허수아비에게 잡힌 사람은 그 자리에 서서 또 다른 술래가 된다.

4 모든 학생들이 술래가 될 때까지 계속한다.

04 터널 술래잡기

1 활동 구역을 표시하고 선생님이 먼저 술래를 한다.

2 술래는 뿅망치를 갖고 다니며 다른 사람을 잡는다. 술래를 피해 다니다가 술래에게 잡힐 것 같으면 "터널" 하며 양 다리를 벌리고 선다.

3 다른 친구 한 명이 와서 양 다리 사이로 빠져 나가며 "터널 통과" 하면 다

시 자유롭게 움직일 수 있다.

4 술래에게 잡히면 잡힌 사람이 술래가 되어 게임을 계속한다.

05 훌라후프 술래잡기

1 활동 구역을 표시하고 훌라후프는 인원수보다 두 개 부족하게 준비한다.

2 훌라후프는 술래를 피할 수 있는 안전지대로, 하나의 훌라후프 안에 한 명만 들어갈 수 있다.

3 선생님이 먼저 술래를 하고 술래는 뿅망치를 갖고 다니며 다른 사람을 잡는다.

4 술래에게 잡힐 것 같으면 비어 있는 훌라후프 안으로 들어가면 된다.

5 술래에게 잡히면 잡힌 사람이 술래가 되어 게임을 계속한다.

06 물레방아 술래잡기

1 활동 구역을 표시한다.

2 다섯 명을 한 모둠으로 모둠별 활동을 한다.

3 가위바위보를 해서 술래를 정한다. 술래는 네 명 중에서 한 명을 지명하며 그 학생을 잡겠다고 말한다. 네 명이 모두 손을 잡고 움직이면서 지명된 학생을 술래로부터 보호한다.

4 지명된 학생이 술래에게 잡히거나 잡은 손이 풀리면 네 명이 가위바위보를 해서 술래를 정하고 다시 시작한다.

07 고양이와 쥐 1

1 모든 인원이 둥글게 서서 손을 잡는다.

2 술래 두 명을 정하고 두 명 모두 눈을 가리고 원 안에 선다. 술래 두 명 중에서 고양이와 쥐를 정한다.

3 선생님은 쥐가 된 친구에게 방울을 달아주고 방울을 달지 않은 친구는 고양이가 되어 쥐를 잡는다. 쥐가 움직일 때마다 방울 소리가 울리므로 방울 소리를 듣고 잡는다.

4 쥐가 잡히면 다른 술래 두 명을 정해 게임을 계속한다.

놀이의 팁

• 눈을 가리고 하기 때문에 다칠 수 있으므로 원 밖에서 손을 잡고 있는 학생들이 술래를 보호해 줘야 한다. 원 밖에 있는 학생들이 고양이에게 쥐가 어디에 있다고 알려주면 모두가 흥미를 갖고 지켜보게 된다.

08 고양이와 쥐 2

1 모든 인원이 둥글게 서서 손을 잡는다.

2 고양이 한 명과 쥐 한 명을 정한다.

3 고양이는 원 밖에 있고, 쥐는 원 안에 있다가 시작 신호가 울리면 고양이가 쥐를 잡으러 쫓아간다.

4 원 밖에서 손을 잡고 있는 학생들은 쥐는 통과할 수 있도록 문을 열어주고 고양이는 통과하지 못하게 문을 닫는다.

5 쥐가 잡히면 게임이 끝난다.

09 그림자 밟기 술래잡기

1 활동 구역을 표시하고 선생님이 먼저 술래를 한다.

2 술래는 뿅망치를 갖고 다니며 다른 사람의 그림자를 밟는다.

3 그림자를 밟힌 사람이 술래가 된다.

10 줄넘기 술래잡기

1 활동 구역을 표시하고 선생님이 먼저 술래를 한다.

2 학생들 모두 줄넘기를 하며 돌아다닌다.

3 술래는 줄넘기로 다른 사람의 줄넘기를 친다. 술래의 줄넘기에 잡힌 사람이 술래가 된다.

11 두더지 잡기

1 다섯 명을 한 모둠으로 한다. 네 명은 원을 만들고 한 명은 두더지가 되어 원 안에 있는다.

2 원 밖에는 두더지 한 명과 고양이 한 명이 있다. 고양이가 두더지를 잡으러 다닌다. 두더지가 아무 원에 들어가면 그 안에 있던 두더지는 원에서 빨리 나와 다른 원으로 도망간다.

3 고양이가 원 밖에 있는 두더지를 잡으면 게임은 끝난다.

4 원을 만드는 사람은 두더지가 들어오는 것을 막을 수 없다.

12 다람쥐 잡기

1 선생님은 다람쥐 두 명과 고양이 한 명을 정한다.

2 나머지 학생들은 두 명 혹은 세 명씩 팔짱을 끼고 여기저기 흩어져 자유로운 대형으로 선다.

3 다람쥐는 도망 다니다가 고양이에게 잡힐 것 같으면 아무에게나 팔짱을 낀다. 그럼 팔짱을 끼인 사람이 다람쥐가 되어 고양이를 피해 재빨리 달아난다.

4 고양이에게 잡히면 잡힌 사람도 고양이가 되어 다람쥐를 잡으러 다닌다.

5 체육 시간 준비 운동으로 가능한 놀이다.

▲ ● ○

놀이의 팁 (Tip)

• 다람쥐를 한 명으로 해도 좋다. 선생님은 학생들이 너무 넓은 범위에서 도망 다니지 않도록 구역을 정해 주는 것이 좋다.

13 색깔 술래잡기

1 술래를 한 명 정하고 술래는 뿅망치를 갖고 다닌다.

2 술래가 "빨간색" 하고 외치며 다른 친구들을 잡으러 다닌다.

3 다른 친구들은 술래가 부른 빨간색을 잡고 있어야 안전하다. (친구의 빨간색 옷, 빨간색 표지판, 빨간색 신발 등)

4 빨간색을 잡기 전에 술래에게 잡힌 사람이 술래가 된다.

○ ● ▲

14 사파리 술래잡기

1 모두 두 모둠으로 나누고 구역을 정한다.

양의 출발지
늑대의 구역
양의 안전지대
늑대의 구역
양의 안전지대
늑대의 구역
양의 목적지

2 한 모둠은 먼저 늑대 팀이 되고, 다른 모둠은 양의 팀이 된다.

3 양의 팀이 늑대를 피해 목적지까지 도착하면 한 명당 1점을 얻는다. 가다가 늑대에게 잡히면 처음 출발지로 가서 다시 출발한다.

4 목적지까지 도착한 양은 1점을 얻고 출발지로 가서 다시 시작하면 된다.

5 늑대는 자기 구역 안에서만 움직일 수 있고 다른 구역으로는 이동하지 못한다.

6 늑대는 한 구역에 다섯 명씩 둔다.

7 시간을 5분 정도로 정해 놓고 팀 역할을 바꾼다.

○ ● ▲
15 여우야! 여우야! 뭐하니?

1 술래를 한 명 정하고, 안전지대를 정한다.

2 술래는 앉아 있고, 다른 친구들은 술래 주변에 선다.

3 모두 함께 "여우야, 여우야 뭐하니?" 하면 술래가 "잠잔다."라고 한다. 그럼 다 함께 "잠꾸러기" 한다.

4 모두 함께 "여우야, 여우야 뭐하니?" 하면 술래가 "세수한다."라고 한다. 그럼 다 함께 "멋쟁이" 한다.

5 모두 함께 "여우야, 여우야 뭐하니?" 하면 술래가 "밥 먹는다."라고 한다. 그럼 다 함께 "무슨 반찬" 한다. 그럼 술래가 "개구리와 뱀"이라고 한다.

6 모두 함께 "살았니? 죽었니?" 하면 술래가 "살았다!" 하면서 다른 친구를 잡는다. 잡힌 친구가 술래가 된다.

7 술래가 되지 않으려면 안전지대까지 빨리 뛰어가야 한다.

○ ● ▲
16 무궁화 꽃이 피었습니다

1 술래 한 명과 안전지대를 정한다.

2 친구들은 안전지대에 선다. 친구들과 거리를 두고 떨어져 있는 술래는 친

구들을 등지고 돌아서서 눈을 감고 선다. 나무나 벽에 손과 머리를 대고 서면 좋다.

3 술래가 "무궁화 꽃이 피었습니다." 하고 얼른 고개를 돌려 친구들을 본다. 이때 움직이는 친구를 보면 이름을 부르고 이름이 불린 학생은 술래에게 와서 술래와 손가락을 건다. 다른 친구들은 술래가 뒤돌아서 있을 때 몰래 술래에게 가까이 다가간다. 그러다 술래가 뒤돌아보면 동작을 멈춘다.

4 술래가 또 "무궁화 꽃이 피었습니다."라고 말하고 얼른 고개를 돌려 친구들을 본다. 움직여서 이름이 불린 학생은 먼저 잡힌 친구와 손가락을 걸고 한 줄로 늘어선다.

5 다른 친구들은 술래 가까이에 와서 술래가 뒤돌아설 때 술래의 손가락을 쳐서 고리를 끊고 모두 안전지대까지 도망간다. 도망가다가 술래에게 잡힌 사람이 술래가 되어 놀이를 계속한다.

6 만약에 술래에게 이름 불린 사람이 없을 때 누군가 술래의 등을 치면 모두 안전지대로 달아난다. 가기 전에 잡히면 술래가 된다.

07 친구야 안녕!

• **관련 단원** 1-1 봄 1단원, 1-2 가을 1단원, 2-1 여름 2단원

가위바위보를 해서 진 사람이 이긴 사람 뒤에 붙어 한 줄을 만들고 기차
놀이를 한 다음, 〈동동 동대문을 열어라〉 등의 활동으로 연결할 수 있다.
친구와 사이좋게 지낼 수 있도록 하는 체육 활동이다.

01 인사하며 기차 만들기

1 모두 〈안녕〉 노래를 부르며 교실을 돌아다닌다.

2 노래가 끝나면 다른 친구를 만나서 인사를 하고 몸으로 하는 가위바위보
를 한다. (오른팔을 위로 올리고 왼팔을 옆으로 뻗으면서 발을 앞뒤로 벌리면 가위, 발
을 모으고 손을 머리 위로 모으면 바위, 두 발과 두 팔을 옆으로 벌리면 보)

3 진 사람은 이긴 사람 뒤에서 허리를 잡고 다닌다.

4 계속해서 노래가 끝나면 다른 친구를 만나서 인사를 한다. 맨 앞에 있는
사람이 가위바위보를 한다.

5   진 팀은 이긴 팀 뒤로 가서 허리를 잡고 다닌다. 한 줄이 될 때까지 계속
    한다.

◁ ● ▲
02 동동 동대문을 열어라

1   앞의 놀이와 연결 지어 할 수 있다. 앞사람의 허리를 잡고 모두 한 줄로 만
    든다.
2   한 줄이 만들어지면 맨 앞에 있는 사람이 선생님과 동대문을 만든다. 다른
    친구들은 한 줄로 허리를 잡고 동대문을 빠져나간다.
3   "동동 동대문을 열어라, 남남 남대문을 열어라, 열두 시가 되면 문을 닫
    는다" 노래하며 문을 닫는다.
4   문에 걸린 사람이 또 다른 동대문을 만들어 다른 사람을 잡는다. 모든 사
    람이 다 잡힐 때까지 계속한다.

08 손수건 놀이

• **관련 단원** 1-1 여름 2단원, 2-1 여름 2단원
• **준비물** 손수건

일상 생활에서 쉽게 구할 수 있는 손수건을 활용한 놀이로 다양한 활동으로 친구들과 친하게 지낼 수 있는 데 도움이 되는 활동이다.

01 손수건 떨어지기 전까지 웃기

1 선생님이 손수건을 꺼내 보인다. 선생님이 손수건을 던지면 모두 박수를 치면서 '하하하하하' 소리 내며 웃는다.
2 선생님이 손수건을 잡으면 웃음을 멈춘다.

놀이의 팁 Tip

• 손수건 대신에 큰 고무공이나 풍선을 활용해도 좋다. 학생을 사회자로 시켜 직접 참여하게 하면 학생들이 더 적극적으로 활동한다.

02 수건 돌리기

1 모두 다 함께 둥글게 앉는다.
2 술래가 수건을 갖고 시계 반대 방향으로 돌다가 친구 등 뒤에 수건을 놓고 한 바퀴 돌아 친구가 앉아 있던 곳으로 간다.

3 그때까지 친구가 등 뒤에 수건이 있는 것을 모르고 계속 앉아 있다면 그 친구가 술래가 된다.

4 등 뒤에 놓인 수건을 발견했다면 그 수건을 들고 도망가는 술래가 자기 자리에 앉기 전에 잡는다.

5 술래가 수건을 가진 술래에게 잡히면 벌점을 받게 되니 잡히기 전에 자리에 앉는다.

6 수건을 가진 친구는 시계 반대 방향으로 돌다가 다른 친구 등 뒤에 수건을 놓으며 게임을 계속한다.

놀이의 팁 Tip

• 선생님은 누구나 한 번 이상씩 놀이에 참여하도록 수건을 받지 못한 사람은 손을 들게 해서 술래를 하게 해준다.

03 수건 줄다리기

1 두 명이 손수건 양끝을 잡고 줄다리기를 한다.

2 손수건을 놓치거나 끌려가면 지게 된다.

3 오른손으로 해보고, 왼손으로 해보고, 두 손으로도 해본다.

04 둘이 수건을 잡고 달려요

1 두 명이 손수건 양끝을 잡고 같이 달리기를 한다.

2 손수건을 놓치면 실격이 된다.

3   팀별 이어달리기로도 할 수 있다.

05 수건 돌리며 노래하기

1   모두 다 함께 둥글게 둘러앉는다. 수건을 돌리면서 노래를 한다.
2   노래가 끝났을 때 수건을 갖고 있는 사람이 술래가 되어 벌칙을 받는다.
3   수건 2개로 활동해도 좋다. 하나의 수건은 왼쪽으로 다른 하나의 수건은
     오른쪽으로 돌린다. 한 사람이 두 개의 수건을 동시에 받게 되면 벌칙을
     받는다.

06 둘이 수건으로 발을 묶고 달려요

1   두 명이 손수건으로 한 발씩 묶고 같이 달리기를 한다.
2   넘어지지 않게 어깨동무를 하고 발을 맞춰 달리며 반환점을 돌아온다.
3   모둠별 이어달리기로도 할 수 있다.

07 둘이 함께 수건 돌리기

1 모두 다 함께 둥글게 둘러앉는다.

2 술래는 사람과 사람 사이에 수건을 놓는다.

3 수건이 놓인 양 옆의 두 사람이 함께 손을 잡고 술래를 쫓는다.

4 술래는 빨리 빈자리에 앉고, 수건을 발견한 사람은 앉아 있는 사람과 사람 사이에 수건을 또 놓는다.

09 종이컵 우산 만들기

- **관련 단원** 1-1 여름 2단원, 2-1여름 2단원
- **준비물** 종이컵, 가위, 색연필, 나무젓가락, 셀로판 테이프

미술 활동뿐만 아니라 우산으로 역할극 놀이를 하며 자신감 있게 말하기를 통해 사회성을 길러주는 활동이다.

놀이 방법

1 종이컵의 밑부분은 남기고 윗부분을 세로로 여러 등분으로 나눠 오린다.

2 오린 부분을 물레방아처럼 쫙 펴고 색연필로 예쁘게 색칠한다.

3 가운데에 나무젓가락을 끼우고 떨어지지 않게 테이프로 붙인다.

4 친구랑 우산을 같이 쓰고 가는 역할 놀이를 해본다. (예 : "친구야, 비가 오는데 우산 안 갖고 왔니? 나랑 같이 쓰고 가자" "그래, 고마워")

5 역할 주제를 바꿔본다. 비가 와서 우산을 사는 상황, 친척에게 우산을 선물로 받았을 때의 상황, 친구에게 우산을 선물할 때 등의 상황을 만들고 역할 놀이를 한다.

10 4명까지 지남철 달리기

• **관련 단원** 1-1 여름 1단원, 1-2 가을 1단원, 2-1 여름 1단원

자석처럼 친구들을 끌어당겨 친구를 늘려가며 달리기를 하는 체육 활동이다. 늘어가는 수도 익히고 친구들과 사이좋게 지내는 데 도움이 되는 활동이다.

놀이 방법

1 네 명을 한 모둠으로 한다.
2 첫 번째 달리는 사람이 반환점을 돌아와서 두 번째 사람과 손을 잡고 반환점을 또 돌아온다. 첫 번째, 두 번째 사람들은 세 번째 사람과 함께 손을 잡고 반환점을 또 돌아와서 네 번째 사람과 함께 반환점을 마지막으로 돌아온다.
3 먼저 들어오는 모둠이 승리한다.

놀이의 팁 Tip

• 선생님은 모둠별로 학생들의 달리기 능력과 체력을 고려하여 달릴 순서를 잘 상의하도록 한다.
• 팀별 경기를 할 수 있다. 팀별 능력에 따라 여섯 명까지 함께 달리기를 할 수 있다.

11 가족 이어달리기

- **관련 단원** 1-1 여름 1단원, 2-1 여름 2단원
- **준비물** 큰 주사위, 반환점, 바통

가족 관계를 익히며 이어달리기를 할 수 있는 체육 활동이다. 가족의 기능과 호칭을 익히며 다양한 가족의 형태를 이해할 수 있다.

◠ ● ▲
01 주사위를 던져 나오는 거리만큼 달리기

1 전체를 두 모둠으로 나눈다.

2 큰 주사위를 준비하고 주사위에 가족과 친척의 호칭을 적는다. (예 : 큰아버지, 이모, 고모, 사촌, 할아버지, 외삼촌 등)

3 반환점을 만들고 반환점에는 가족의 관계를 적는다. (예 : 아버지의 형, 어머니의 여자 형제, 아버지의 여자 형제, 큰아버지의 자녀, 아버지의 아버지, 어머니의 남자 형제 등) 반환점의 거리는 각각 다르게 지정한다.

4 달리는 사람은 주사위를 던져 나오는 반환점을 돌아온다. 주사위를 던져서 '큰아버지'가 나왔다면 '아버지의 형'이라고 쓴 반환점을 돌아온다.

5 빨리 들어오는 모둠이 승리한다.

◠ ● ▲
02 주사위를 던져 나오는 가족과 손 잡고 달리기

1 전체를 두 모둠으로 나눈다.

2 학생들 모두 가족이나 친척의 호칭 중에서 하나를 골라 가슴에 단다. (예 :

큰아버지, 이모, 고모, 사촌, 할아버지, 외삼촌 등)

3 큰 주사위를 준비하고 주사위에는 가족의 관계를 적는다. (예 : 아버지의 형, 어머니의 여자 형제, 아버지의 여자 형제, 큰아버지의 자녀, 아버지의 아버지, 어머니의 남자 형제 등)

4 달리는 사람은 주사위를 던져 나오는 가족과 같이 달린다. 주사위를 던졌는데 '아버지의 형'이 나왔다면 같은 팀 중에서 '큰아버지' 호칭을 가슴에 단 모든 사람과 같이 손을 잡고 반환점을 돌아온다.

5 빨리 들어오는 모둠이 승리한다.

▲ ● △
놀이의 팁 Tip

- 반환점의 위치는 가족이나 친척 호칭마다 거리를 다르게 세워야 달리기를 못하는 학생 때문에 우리 팀이 졌다는 말을 듣지 않게 된다.
- 호칭을 모를 경우 친구의 도움을 받는다.
- 바통을 사용해 팀별 이어달리기를 할 수도 있다.

12 부채 놀이

- **관련 단원** 1-1 여름 1단원, 2-1 여름 2단원
- **준비물** 부채, 휴지, 풍선, 바통

부채를 활용한 놀이는 무더운 여름에 수업에 지쳐 있는 학생들의 흥미를 끄는 데 도움이 된다. 협동심과 배려심을 배울 수 있는 활동이다.

◁ ● ▲
01 부채 부쳐주기

1 수업 시간에 만든 부채를 활용한다.
2 짝과 가위바위보를 하여 진 사람은 이긴 사람에게 부채를 부쳐준다. 가위바위보는 입으로 하는 가위바위보를 한다. (혀를 내밀면 가위, 볼에 바람을 넣으면 바위, 입을 벌리면 보)
3 가위로 이기면 10번, 바위로 이기면 15번, 보로 이기면 20번을 부친다.

◁ ● ▲
02 부채로 휴지 나르기

1 모든 학생들을 4개의 모둠으로 나누고 반환점에 4개의 상자를 놓는다.
2 상자에는 미국, 영국, 호주, 캐나다라는 글씨를 각각 붙인다. 반환점은 나라마다 위치를 다르게 한다.
3 모두 휴지 한 장, 부채 하나씩 준비한다.
4 선생님이 "시작!" 하고 외치면 첫 번째 사람은 부채로 휴지를 부치면서 휴지를 '미국' 상자 안에 넣고 돌아서 달려온다.

5 두 번째 사람은 영국 상자에, 세 번째 사람은 호주 상자와 같이 순서대로 넣는다. 바통을 들고 이어달리기를 하면 된다.

6 두 번째 게임을 할 때는 휴지를 상자에 넣지 말고 부채로 휴지를 부치며 반환점을 돌아오도록 한다. 휴지 한 장을 바통으로 생각하고 이어달리기를 한다.

▲ ● △
놀이의 팁 Tip

• 모둠 인원이 너무 많으면 학생들이 기다리는 시간을 지루해 할 수 있으므로 인원은 적을수록 좋다.

• 모둠에서 잘 뛰는 사람은 멀리 있는 곳까지 달리고, 잘 못 뛰는 학생은 가까운 곳을 뛰도록 하면 누구 때문에 우리 팀이 졌다는 원망이 나오지 않아 효과적이다.

• 강당에서 하는 것이 좋다.

△ ● ▲
03 부채로 풍선 띄우기

1 네 명을 한 모둠으로 모둠 활동을 한다.

2 네 명이 힘을 합쳐 풍선을 하늘로 띄운다.

3 모둠별 시합을 해서 제일 오랫동안 공중에 풍선을 띄우는 모둠이 승리한다.

4 시간을 재서 판정할 수 있고, 두 모둠씩 토너먼트로 할 수도 있다.

5 풍선 대신에 휴지를 이용해도 좋다.

04 부채로 친구 얼굴에 붙은 휴지 떼기

1 네 명을 한 모둠으로 모둠 활동을 한다.

2 휴지 한 장을 4조각 내서 물을 묻혀 친구 얼굴에 붙인다. 모둠 네 명이 얼굴에 휴지를 다 붙이도록 한다.

3 다른 모둠과 서로 마주 보고 선다. 서로 얼굴에 부채를 부치면서 상대 친구의 얼굴에 붙은 휴지를 떨어뜨린다.

4 얼굴의 휴지가 다 떨어진 사람은 더 이상 부채질을 할 수 없다. 상대방의 얼굴에 붙은 휴지를 모두 떨어뜨리면 승리한다.

13 우리 집에 왜 왔니?

• **관련 단원** 1-1 봄 2단원, 2-1 봄 2단원, 1-2 가을 1단원

서로 가위바위보를 하고 친구(꽃)를 찾아오는 놀이로 친구들과 친밀해지는 데 도움이 되는 활동이다. 친숙한 전래놀이로 놀이가 단순하여 저학년 학생들이 쉽게 배울 수 있다.

놀이 방법

1   반 전체를 두 모둠으로 나누고 모둠끼리 손을 잡고 마주 보고 선다.
2   수비 모둠이 먼저 "우리 집에 왜 왔니? 왜 왔니? 왜 왔니?" 노래하며 전진한다. 공격 모둠은 뒤로 물러난다.
3   공격 모둠이 "꽃 찾으러 왔단다. 왔단다. 왔단다." 노래하며 전진한다.
4   수비 모둠은 뒤로 물러난다. 수비 모둠이 다시 "무슨 꽃을 찾으러 왔느냐? 왔느냐?" 노래하며 전진한다.
5   공격 모둠이 전진할 때 공격 모둠의 대표가 수비 모둠의 한 사람을 부르며 "철수 꽃을 찾으러 왔단다 왔단다." 하고, 철수와 가위바위보를 한다. 철수가 지면 공격 모둠으로 넘어가고 공격 모둠의 대표가 지면 대표는 수비 모둠으로 넘어간다.
6   공격 모둠이 이기면 "이겼다! 꽃바구니 하나 얻었다." 하고 수비 모둠은 "졌다. 분하다. 말도 말아라." 한다.
7   이어서 공격과 수비 역할을 바꿔서 게임을 계속한다. 제한된 시간이 지난 후 인원이 많이 남은 팀이 승리한다.

8 친구(꽃)을 뺏긴 모둠은 가위바위보를 해서 다시 찾아와야 한다.

놀이의 팁 Tip

- 선생님은 학생들이 전진할 때 너무 빨리 달리면 넘어질 수 있으므로 노래 박자에 맞춰 천천히 움직이도록 지도한다.

14 생존 게임

- **관련 단원** 1-1 봄 2단원, 2-1 여름 2단원, 2-2 가을 1단원
- **준비물** 활동지, 과자, 일회용 접시

과자 1개 이상을 가져가야 생존할 수 있는 활동으로 공동체 생활에서 공익이 무엇인지 알게 되고 친구에 대한 배려심을 키우는 데도 도움이 되는 놀이다.

놀이 방법

1 네 명을 한 모둠으로 하고 1번부터 4번까지 번호를 정한다.

2 과자를 나르는 도우미도 정한다. 도우미는 모둠별로 처음에 1인당 5개씩 20개의 과자를 접시에 담아준다.

3 선생님이 부르는 번호에 해당하는 사람은 접시에서 과자를 가져가 먹는다. 과자는 마음대로 가져갈 수 있으나 누구도 말을 해서는 안 되고, 친구에게 눈치를 주어도 안 된다. 반드시 1개 이상의 과자를 가져가야 생존할 수 있다.

4 처음에는 1번부터 시작한다. 2회 때는 2번부터, 3회 때는 3번부터, 4회 때는 4번부터 시작한다.

5 매 회가 끝날 때마다 바구니에 남은 개수만큼 과자를 더 준다. 이렇게 4회 연속으로 게임을 하다가 게임이 끝나면 선생님은 모둠의 남은 과자 개수와 생존한 사람의 수를 적는다.

6 생존자가 많은 모둠이 승리한다.

횟수와 얻은 과자 수	모둠			
	1모둠	2모둠	3모둠	4모둠
1회 때 얻은 과자 수				
2회 때 얻은 과자 수				
3회 때 얻은 과자 수				
4회 때 얻은 과자 수				
얻은 합계				
생존자 수				

놀이의 팁 Tip

- 다 같이 생존하려면 식량을 아껴야 한다는 것을 체험하는 놀이다. 선생님은 공동체 생활을 위해서는 친구를 배려하는 것이 중요하다는 것을 학생들이 느끼도록 해준다.

15 자원을 소중히!

- **관련 단원** 1-1 봄 2단원, 2-1 여름 2단원, 2-2 가을 1단원
- **준비물** 수조 2개, 컵

컵으로 물 전달하기를 하며 자원을 절약해 보는 체험을 하는 놀이로 우리의 생활에서 꼭 필요한 소중한 자원을 아껴야 한다는 것을 깨닫게 해주는 활동이다.

01 한 개의 컵으로 물 전달하기

1   반 전체를 두 모둠으로 나눈다.
2   반환점에 물이 담긴 수조를 놓고, 출발점에는 빈 수조를 놓는다.
3   모둠별로 플라스틱 컵 한 개를 들고 시작한다. 출발 신호가 울리면 맨 처음 사람부터 반환점에 있는 수조의 물을 컵에 담아 와서 자기 모둠의 출발점에 있는 수조에 붓는다.
4   다음 사람에게 컵을 전달하고 같은 방법으로 활동한다.

02 여러 개의 컵으로 물 전달하기

1   반 전체를 두 모둠으로 나누고 모둠 활동을 한다.
2   컵을 하나씩 들고 처음 사람부터 컵에 물을 담아 옆 사람에게 붓는다. 끝까지 전달하여 물을 모은다.
3   제한된 시간에 물을 많이 모은 모둠이 승리한다.

16 삐약삐약 가위바위보

• **관련 단원** 1-1 봄 1단원, 2-1 봄 1단원

가위바위보를 하면서 지위가 상승되는 놀이다. 신학기 때 친구들을 사귀는 데 도움이 되는 활동이다.

놀이 방법

1 모든 학생들이 쪼그려 앉아 두 손을 입에 대고 병아리가 되어 "삐약삐약" 하며 돌아다닌다.

2 아무나 만나 가위바위보를 하여 이긴 사람은 닭이 되어 무릎을 반쯤 펴고 한 손은 머리 위, 한 손은 엉덩이 쪽에 대고 "꼬꼬댁" 하며 다닌다. 진 사람은 계속 병아리로 남는다. 닭은 닭끼리 만나 가위바위보를 한다.

3 닭에서 이기면 호랑이가 되어 똑바로 설 수 있다. 호랑이는 두 손을 머리 위로 올리고 "어흥어흥" 하며 다닌다. 호랑이에서 이기면 사람이 되어 로뎅의 '생각하는 사람' 동상을 흉내 내며 자기 자리에 앉는다.

4 마지막에는 병아리, 닭, 호랑이, 세 사람이 남게 된다. 호랑이의 눈을 가리고 뒤에 나오는 '닭과 병아리 잡기' 게임으로 이어서 활동하면 좋다.

17 닭과 병아리 잡기

- **관련 단원** 1-1 여름 2단원, 2-1 여름 2단원
- **준비물** 눈가리개

'16. 삐약삐약 가위바위보' 놀이에서 연결된 활동으로 호랑이가 닭과 병아리를 잡는 놀이다.

놀이 방법

1 모두 손을 잡고 닭장처럼 하나의 원을 만든다.
2 원 안에는 호랑이, 닭, 병아리 각각 한 사람씩을 둔다.
3 호랑이는 눈을 가린 채 병아리와 닭을 잡으러 다닌다.
4 호랑이가 "어흥" 하면 병아리는 "삐약", 닭은 "꼬꼬댁" 하고 외친다.
5 호랑이가 원을 만든 사람을 잡으면 원을 만든 사람은 "닭장!" 하고 외친다.
6 호랑이가 "어흥" 하면 반드시 병아리는 "삐약" 하고, 닭은 "꼬꼬댁" 하고

소리 내야 한다.

7 일정한 시간에 잡지 못하면 한 발자국 앞으로 다가서게 하여 닭장을 좁힌다.

▲●○

놀이의 팁 Tip

- 선생님은 활동이 끝난 후 닭장이 좁혀지면서 병아리와 닭이 느꼈던 불안한 마음을 학생들과 다 같이 이야기한다. 우리 주변에 폭력으로 불안한 마음을 느끼는 친구가 없나 살펴보고 도와야 함을 알게 한다.

18 무릎으로 공 전달하기

- **관련 단원** 1-2 가을 1단원, 2-2 가을 2단원
- **준비물** 공

공이나 풍선을 무릎에 끼우고 반환점을 돌아오는 릴레이 게임이다. 협동심을 기르는 데 도움이 되는 활동이다.

놀이 방법

1 네 명을 한 모둠으로 한다.
2 각 모둠에서 주자가 나와서 공을 무릎에 끼우고 반환점을 돌아온다.
3 반환점을 돌아온 친구는 두 번째 주자에게 공을 넘겨주며 릴레이로 계속한다.
4 빨리 들어오는 모둠이 승리한다.

놀이의 팁 Tip

- 공이 떨어지면 다시 주워 계속한다. 공 대신에 풍선을 끼우고 할 수도 있다.
- 선생님은 모둠발을 하지 않으면 공이 잘 빠질 수 있다는 것을 알려준다.

19 우주여행

• **관련 단원** 1-1 봄 1단원, 2-1 봄 1단원
• **준비물** 색연필, A4 종이

눈을 감고 짝의 지시에 따라 목적지까지 가는 장애 체험과 친구를 배려해야 하는 의사소통 놀이로 학교폭력예방교육시 활용하면 좋은 활동이다.

놀이 방법

1 짝과 함께하는 짝 활동이다.
2 A4 종이에 달팽이 선 세 개를 그린 후, 맨 안쪽에는 다이아몬드로 보물섬을 그리고 바깥쪽에 출발점을 찍는다.
3 한 사람은 조종사 역할을 하고, 한 사람은 우주선 역할을 한다.
4 우주선은 달팽이 출발점에 연필을 갖다 대고 눈을 감는다. 조종사는 말로만 지시를 하고, 우주선은 조종사가 지시하는 대로 연필을 움직여 달팽이 선 안쪽의 보물섬까지 도달하도록 한다.
5 궤도를 탈선하여 선에 닿아도 중지하지 말고 계속 진행하고 선에 닿은 횟수를 적는다.
6 두 번째 활동 때는 역할을 바꾼다.
7 두 번째 활동 때는 걸린 시간을 측정할 수 있다. 칠판에 걸린 시간과 탈선 횟수를 적는다. 시간이 오래 걸려도 한 번도 탈선을 안 한 팀에게 상을 준다.

놀이의 팁 Tip

- 한 사람은 눈을 감고, 한 사람은 눈을 뜨고 하는 짝 활동으로 선생님은 둘이 협력해야 보물섬까지 도달할 수 있음을 알려준다.
- 선생님은 학생들이 빨리하는 것보다 늦더라도 원칙과 규칙을 지키는 것이 더 중요하다는 것을 강조한다.

20 둘이 한몸

- **관련 단원** 1-1 봄 1단원, 2-1 봄 1단원,
- **준비물** A4 종이

둘이 어깨동무하고 미션을 수행하는 게임으로 협동하지 않으면 과제를 수
행할 수 없어 협동심과 배려심을 키우는 데 도움이 되는 활동이다.

01 둘이 어깨동무하고 박수 치기

1 두 명씩 짝을 지어 어깨동무를 한다.
2 어깨동무를 안 한 손으로 서로 박수를 쳐보게 한다. 박수의 숫자를 한 개
   씩 늘려간다.
3 한 사람은 왼손만 사용하고, 한 사람은 오른손만 사용하게 되는데 마치 한

사람처럼 익숙해질 수 있도록 1, 2, 3, 4, 5, 4, 3, 2, 1번 계단 박수를 쳐보게 한다.

02 둘이 어깨동무하고 종이 길게 찢기

1 두 명이 하는 짝 활동이다.

2 서로 어깨동무를 한다. 선생님은 A4 종이 한 장을 주고 둘이 힘을 합쳐 끊어지지 않게 종이를 길게 찢어보도록 한다. 시간제한은 주지 않는다.

3 서로 어깨동무를 한 채 남은 손으로 활동을 해야 하기 때문에 활동 전에 의논할 시간을 주는 것이 좋다.

21 등 맞대고 일어나기

• **관련 단원** 2-1 봄 1단원, 2-2 가을 1단원

서로 등을 맞대고 일어나는 체육 활동으로 협동심을 기르는 놀이다. 사이가 안 좋은 친구들끼리 과제를 해결하도록 해도 좋다.

△ ● ▲
놀이 방법

1 두 명씩 등을 맞대고 앉는다.
2 "하나"에 다리를 모으고, "둘"에 무릎을 세우고 "셋" 하면서 일어난다. 등을 서로 밀어야 일어날 수 있다.
3 성공한 사람은 실패한 사람의 발목을 잡아주고 일어날 수 있도록 돕는다.
4 네 사람, 여덟 사람씩 늘려간다.

22 세탁기 놀이

• **관련 단원** 2-1 여름 2단원

모든 사람이 둥글게 원을 만들어 손을 잡고 세탁기 속의 빨래가 꼬이듯이 서로 꼬아 다양한 모양을 만든 다음에 다시 푸는 놀이로 서로의 신체 접촉을 통해 친근감을 형성할 수 있는 놀이다.

놀이 방법

1   반 전체가 둥글게 원을 만들고 손을 잡는다.

2   세탁기 속의 빨래가 꼬이듯이 서로 꼬아본다. 절대 손을 놓아서는 안 되고 천천히 풀어본다.

3   친구의 팔을 넘어가거나 팔 밑으로 빠져나가도록 한다.

23 지그재그 원 만들기

· 관련 단원 2-1 여름 2단원

둥글게 손을 잡고 중심을 유지하며 원 모양을 변형하는 게임으로 친구를 신뢰해야 할 수 있는 활동이다.

놀이 방법

1 반 전체가 둥글게 원을 만들고 손을 잡는다.
2 돌아가며 번호를 정하고 짝수 번호는 안쪽으로 홀수 번호는 바깥쪽으로 몸을 기울인다.
3 중심을 유지하며 지그재그 원을 만든다.
4 친구의 중심을 잡아줘야 나의 중심이 잡힌다는 것을 알 수 있다.

24 혼자 왔습니다

- **관련 단원** 1-1 봄 1단원, 1-2 가을 1단원, 2-1 봄 1단원
- **준비물** 의자, 스티커

신학기에 낯선 친구들과 친밀감을 형성하는 데 도움을 주는 활동이다.

놀이 방법

1 모두 둥글게 의자에 앉는다.
2 한 사람이 일어나면서 "혼자 왔습니다." 하고 앉는다.
3 오른쪽 옆에 있는 사람 두 명이 손을 잡고 일어나면서 "둘이 왔습니다." 하고 앉는다.
4 이렇게 다섯 명까지 한 다음에는 다시 네 명으로 내려간다. 또는 다시 한 사람부터 시작해도 된다.
5 틀린 사람들 얼굴에 스티커를 붙여준다. 게임이 끝나고 얼굴에 스티커가 많이 붙은 사람에게 상품을 주면 학생들이 더욱 즐거워한다.

25 손님 모시기

• **관련 단원** 1-1 봄 1단원, 1-2 가을 1단원, 2-1 봄 1단원
• **준비물** 의자

교실에서 자리를 자유롭게 바꾸며 새로운 친구를 사귈 수 있는 기회가 되는 놀이로 친한 친구들끼리만 모여 조 편성을 하려고 할 때 유용한 활동이다.

△●▲
놀이 방법

1 모두 둥글게 의자로 원을 만들어 앉는다.
2 선생님은 학생들 사이에 빈 의자 하나를 끼워넣는다. 빈 의자의 양 옆에 앉아 있는 두 사람은 손을 잡고 일어나 다른 친구를 데리고 와서 그 빈자리에 앉힌다.
3 또 다른 곳에 빈 의자가 생기면 게임을 반복한다. 노래가 끝나면 빈 의자 양쪽에 있는 사람이 걸리게 된다.
4 선생님은 걸린 학생들의 얼굴에 스티커를 붙여준다.
5 활동할 때 모두가 즐겨 부를 수 있는 음악을 틀어주면 좋다.

26 지금의 이웃을 사랑하나요?

- **관련 단원** 1-1 봄 2단원, 1-2 가을 1단원, 2-1 여름 1단원
- **준비물** 의자

교실에서 자리를 바꿀 때 유용한 게임으로 자연스럽게 친교 활동을 할 수 있는 놀이다.

01 두 사람씩 자리 바꾸기

1 전원이 둥글게 의자에 둘러앉아 돌아가면서 먼저 자기의 이름을 말한다.

2 술래를 정하고 술래는 가운데 서서 어떤 한 사람을 지적하며 그 사람에게 가서 "지금의 이웃을 사랑하나요?" 하고 질문한다.

3 질문을 받은 사람이 "예!"라고 대답을 하면 술래는 다른 사람에게 같은 질문을 한다.

4 만약 "아니오"라고 대답을 하면 "그럼 누구를 사랑하나요?" 하고 다시 질문을 한다. 그럼 대답했던 사람은 다른 친구 두 명의 이름을 말한다. (예 : "김철수와 이영희를 사랑합니다.")

5 김철수와 이영희가 대답한 사람 옆자리로 옮기고 이웃에 있던 사람 둘은 김철수와 이영희 자리로 바꾸어 앉는다.

6 이때 술래가 빈자리에 먼저 앉으면 한 사람이 의자에 못 앉게 되는데 그 사람이 술래가 된다.

△ ● ▲

02 여러 사람씩 자리 바꾸기

1 술래를 정하고 술래는 어떤 한 사람을 지적하며 그 사람에게 가서 "지금의 이웃을 사랑하나요?" 하고 질문한다.

2 질문을 받은 사람이 "예!"라고 대답하면 술래는 다른 사람에게 같은 질문을 한다.

3 만약 "아니오"라고 대답을 하면 "그럼 누굴 사랑하나요?" 하고 또 질문을 한다. 그럼 대답하는 사람은 "안경 낀 사람을 사랑합니다."처럼 친구들의 특징을 말해야 한다.

4 그럼 안경 낀 사람은 전부 일어나 다른 자리로 옮겨야 한다. 이때 술래가 빈자리에 먼저 앉으면 한 사람이 의자에 못 앉게 되는데 그 사람이 술래가 된다.

27 누가 먼저 잡을까요?

• **관련 단원** 1-1 여름 1단원, 1-2 가을 1단원

두 사람이 박수를 마주 보며 치다가 선생님이 말하는 신체 부위를 먼저 잡는 놀이로 신체 접촉을 통해 친하게 지낼 수 있는 친교 활동이다.

짝짝짝짝 꼬리!!

놀이 방법

1 두 사람이 마주 보고 손뼉을 치게 한다.
2 이때 선생님이 '짝짝'이라는 말로 손뼉의 박자를 넣어주며 "짝짝짝짝 머리!"라고 외치면 서로 상대방의 머리를 빨리 잡아야 한다.
3 머리, 어깨, 무릎 등으로 전개하며 반복한다.
4 짝끼리 하면 쉽게 친해질 수 있다.

28 쿵 짝짝 쿵 짝

• **관련 단원** 1-1 여름 1단원, 1-2 가을 1단원

리듬에 맞추어 박수를 치는 놀이로 학생들이 적극적으로 참여하는 활동이다. 처음에는 익숙하지 않아 우왕좌왕하게 되지만 점차 익숙해지면서 속도를 빠르게 하면 어깨를 들썩이며 하기도 한다.

△ ● ▲
01 리듬에 맞춰 말하고 손뼉 치기

1　반 전체가 둥글게 앉는다.
2　지목받은 사람이 '쿵' 하고 말하면 그 옆의 사람은 '짝짝' 두 번 박수를 친다. 그럼 그 옆의 사람은 '쿵' 하고 말하고 그 옆의 사람은 '짝' 한 번 박수를 친다.
3　'쿵 짝짝 쿵 짝'의 리듬에 맞추어 하면서 박수를 칠 때 말을 하거나 리듬을 맞추지 못하면 벌칙을 준다.
4　속도를 점점 빠르게 해서 재미를 줄 수 있다.

△ ● ▲
02 쿵 짝 쿵 짝 박수 치기

1　짝끼리 서로 마주 본다.
2　한 사람은 손을 위아래로 벌리고 위아래 박수를 칠 준비를 한다.
3　다른 한 사람은 양손을 옆으로 벌리고 좌우 박수를 칠 준비를 한다.
4　신호가 울리면 손을 위아래로 벌린 사람이 먼저 '쿵' 하면서 박수를 한 번

치고, 그다음 손을 옆으로 벌린 사람이 '짝' 하면서 박수를 친다. 쿵짝 박자에 맞춰 반복한다.

5 서로 손이 맞닿거나 박자가 틀리면 처음부터 다시 시작한다.

03 쿵 짝짝 쿵 짝짝 박수 치기

1 짝끼리 서로 마주 본다.

2 한 사람은 손을 위아래로 벌리고 위아래 박수를 칠 준비를 한다.

3 다른 한 사람은 양손을 옆으로 벌리고 좌우 박수를 칠 준비를 한다.

4 신호가 울리면 손을 위아래로 벌린 사람이 먼저 '쿵' 하면서 박수를 한 번 치고, 그다음 손을 옆으로 벌린 사람이 '짝짝' 박수를 친다. 이렇게 '쿵 짝 짝 쿵 짝짝' 하며 박수를 친다.

5 박자를 잘 맞추기 위해서는 손을 위아래로 벌리고 박수를 치는 사람은 박수를 칠 때 꼭 '쿵'이라고 말하고, 좌우 박수를 치는 사람은 '짝짝'이라고 말하며 치도록 하는 것이 좋다.

6 선생님이 "바꿔!" 하면 서로 박수를 바꿔서 친다.

29 늇다리밟기

• **관련 단원** 1-2 가을 1단원

친구의 등을 밟고 다리를 건너는 전래놀이로 협동이 필요한 활동이다. 친구 등을 밟는 활동이므로 몸무게가 가벼운 사람이 올라가고, 두 사람은 양옆에서 올라간 사람을 잡아주도록 한다.

놀이 방법

1   모둠별로 일렬종대로 선다. 그다음에 무릎을 굽히고 머리를 감싸며 쪼그려 엎드리고 옆 사람과 어깨와 어깨가 맞닿도록 붙는다. 선생님은 도우미 두 명을 뽑는다.

2   맨 앞에 있는 사람부터 도우미의 손을 잡고 등을 밟으며 맨 끝까지 건너간다. 두 도우미는 양쪽에서 주자의 손을 잡아준다. 다 건너면 주자는 맨 마지막 줄에 다시 엎드린다. 모둠원 모두가 빨리 건너는 팀이 승리한다.

3   선생님이 도우미 중 한 명의 역할을 하면 학생들이 즐겁게 참여한다.

30 어둠의 질주

• **관련 단원** 1-2 가을 1단원
• **관련 단원** 고무줄, 훌라후프, 깔대기 콘, 탱탱공, 눈가리개

눈 가리고 장애물을 피해 가는 놀이로 장애 체험 활동을 할 수 있는 활동이다. 친구를 배려하는 마음을 키우는 데 도움이 된다.

놀이 방법

1 운동장이나 체육관에서 횡대로 선다.
2 주자는 눈을 가리고, 10m 앞 골인 지점까지 중간중간에 있는 장애물을 피해 간다. 장애물에 몸이 닿으면 실격이 된다.
3 눈을 가리기 전에 먼저 장애물 있는 곳을 살핀다. 고무줄로 1m 높이로 줄을 쳐도 좋고, 훌라후프, 깔대기 콘, 탱탱공 등을 장애물로 놓아도 좋다.
4 두 명씩 경기를 하거나 모둠별로 경기를 해도 좋다.

놀이의 팁 Tip

• 몸에 닿아도 위험하지 않은 장애물을 사용한다. 재미있게 하기 위해서 마지막 모둠이 할 때는 장애물을 몰래 다 치워버릴 수 있다.

31 인간 사물놀이

• **관련 단원** 1-2 가을 1단원, 1-2 겨울 1단원

악기 대신에 입과 몸동작으로 표현하는 사물놀이로 단순하면서 흥미로워 참여도가 높으며 국어 시간에 흉내 내기 활동에도 적용할 수 있다.

△ ● ● ▲
놀이 방법

1 전체 반 학생들을 A, B, C, D로 팀을 편성한다.

2 A팀은 꽹과리, B팀은 장구, C팀은 북, D팀은 징 소리를 낸다.

3 꽹과리는 깨갱깨갱 깽깨개갱, 장구는 덩덕키 덩덕쿵, 북은 퉁가리 당당 퉁당당, 징은 징잉잉잉 소리를 연습한다.

4 다음은 몸동작을 하면서 팀별 소리를 낸다.
"깨갱깨갱 깽깨개갱(머리를 좌우로 흔들면서), 덩덕키 덩덕쿵(어깨를 들썩거리면서), 퉁가리 당당 퉁당당(머리를 앞뒤로 흔들면서), 징잉잉잉(양팔과 몸을 흔들면서)."

5 선생님의 손동작에 따라 소리를 낸다. 오른손 주먹을 쥐고 올리면 A팀이 깨갱깨갱 깽깨개갱, 오른손을 펴고 올리면 B팀이 덩덕키 덩덕쿵, 왼손 주먹을 쥐고 올리면 C팀이 퉁가리 당당 퉁당당, 왼손을 펴고 올리면 D팀이 징잉잉잉 소리를 낸다. 선생님은 양손을 자유자재로 움직여서 모든 악기의 소리를 낼 수 있도록 한다.

32 애야, 밥 먹어라

• **관련 단원** 1-2 가을 1단원, 2-1 여름 1단원

〈손수건 돌리기〉와 같이 둥근 원을 달리는 놀이로 술래가 지명하는 학생들이 서로 반대편으로 돌아오는 체육 활동이다.

△ ● ▲
놀이 방법

1 학생들 모두 원형으로 앉는다.
2 술래는 원 바깥쪽을 돌아다니다가 두 사람 사이에 서서 "애야, 밥 먹어라." 하고 외친다.
3 그 두 사람은 서로 반대편으로 원을 돌아 제자리로 와야 한다. 그 사이 술래는 빈자리에 앉고 늦게 오는 친구가 술래가 된다.
4 "애야, 공부해라"와 같이 멘트를 다양하게 할 수 있다.

33 난다 난다

• **관련 단원** 1-1 봄 1단원, 2-1 여름 1단원

선생님이 하늘을 날아다니는 동물을 이야기하면 양손을 올리는 놀이로 동물을 분류하는 능력을 키우는 활동이다.

놀이 방법

1 선생님이 "난다 난다 독수리가 난다" 하고 외치면 학생들은 양손을 위로 올리며 "난다!" 하고 외친다.
2 선생님이 "난다 난다 개가 난다" 하고 외치면 학생들은 가만히 있어야 한다.
3 틀리는 사람은 벌칙을 받게 된다. 모둠을 만들어 모둠별 경기를 해도 좋다.

34 날 따라하세요

• **관련 단원** 1-1 봄 1단원, 1-2 가을 1단원, 2-1 봄 1단원

술래의 뒤를 따라가며 술래의 행동을 따라하는 놀이로 자기표현능력을 키워주는 데 도움이 되는 활동이다.

놀이 방법

1 인원수보다 하나 적게 의자를 가운데 놓고 둥글게 앉는다.
2 술래가 돌면서 적당한 사람을 가리키며 "날 따라하세요" 한다.
3 지목을 받은 사람은 술래의 뒤를 따라가며 술래의 행동을 따라한다.
4 술래는 재미있는 동작을 하며 몇 명을 더 가리킨다. (예 : 오리 흉내, 손뼉 치기, 코끼리 흉내 등)
5 술래는 적당한 시간에 "이제 돌아가세요." 하면서 빈자리에 앉는다.
6 술래를 따라가던 사람은 빨리 남은 빈자리에 앉고 빈자리에 앉지 못한 사람은 술래가 된다.

35 포로를 구출하라!

• **관련 단원** 1-2 가을 1단원
• **준비물** 종이 카드

전래놀이인 '진 놀이'를 변형한 놀이다. 진 놀이는 늦게 나온 사람이 먼저 나온 사람을 잡아가는 놀이로 늦게 나온 사람을 확실히 구별하기 어려워 카드를 활용하였다. 같은 팀끼리 카드를 바꿀 수 있어 변수가 생기며 친구들끼리 협력이 필요한 활동이다.

놀이 방법

1 두 개의 팀으로 나누고 팀 조끼를 입는다. 조끼 색으로 팀을 구별한다.
2 각자 '호랑이', '총', '사람'을 쓴 종이 카드 중에서 하나씩 갖는다. 각 팀이 각각 여섯 명이라면 호랑이 2장, 총 2장, 사람 2장인 종이 카드를 준비한다.

3 나무나 기둥을 양 팀의 진지로 삼고 자기 팀의 진지에 있다가 신호에 의하여 상대 팀의 진지로 공격을 한다.

4 공격을 하다 상대 팀을 만나면 터치를 한다. 터치를 당하면 두 사람은 자기가 갖고 있는 종이를 펴서 서로 확인한다. '호랑이'라고 쓴 종이를 갖고 있는 사람은 '총'의 포로가 되고, '총'은 '사람'의 포로가 된다. 또 '사람'은 '호랑이'의 포로가 된다.

5 이긴 사람은 포로를 자기 진지로 데리고 간다. 터치를 한 사람과 당한 사람이 똑같은 급이라면 가위바위보를 해서 승패를 가린다. 예를 들어 호랑이와 호랑이가 만나면 가위바위보를 해서 지는 사람이 포로가 되는 것이다.

6 포로는 상대 팀의 진지에서 기다리고 있다가 자기 팀이 와서 터치를 해주면 탈출할 수 있다. 상대 팀 전원을 포로로 잡거나 일정 시간에 포로가 많은 팀이 승리한다.

▲ ● △
놀이의 팁 Tip

- 이 놀이는 운동장이나 야외 활동으로 적합하다.
- 우리 팀 누가 누구에게 포로로 잡혔나 잘 살펴보면 상태 팀 누가 무슨 패를 갖고 있나 알 수 있다.
- 같은 팀끼리는 패를 바꿀 수 있다.

36 사라다 만들기

- **관련 단원** 1-1 여름 1단원, 1-2 가을 1단원, 2-1 여름 1단원, 2-2 가을 1단원
- **준비물** 의자, 훌라후프

반 전체가 각자 과일 이름을 정하고, 자기 과일 이름이 불리면 훌라후프 안에 발을 넣었다 뺀 후 자기 자리로 돌아가 앉는 놀이다. 순발력을 기르는 데 도움이 되는 활동이다.

놀이 방법

1 인원에 제한이 없으며 반 전체가 둥글게 앉는다.
2 원 가운데에 훌라후프 한 개를 놓고 각자 돌아가며 과일 이름을 정한다.
3 선생님은 과일 이름을 다섯 가지 정도로 정해 주고 그중에서 고르게 하거나 순서대로 지정해 준다.
4 선생님이 "사과"라고 외치면 사과를 택한 사람은 모두 일어나 훌라후프에 발을 넣었다 뺀 후에 빈자리에 앉는다. 이때 빈자리에 앉지 못한 사람이 술래가 되어 과일 이름을 말한다.
5 술래는 "사과, 배" 이렇게 두 개의 과일 이름을 말할 수 있는데 이때 사과와 배를 택한 사람은 일어나야 한다.
6 두 번 술래가 되는 사람에게는 스티커를 붙여주고 벌칙을 줄 수 있다.
7 선생님이 "사라다"라고 외치면 모든 사람이 일어나 자리를 바꾼다.

37 등 뒤로 슛!

- **관련 단원** 1-1 봄 1단원, 2-1 봄 1단원
- **준비물** 종이, 상자

거울을 보고 등 뒤로 골을 넣는 농구 게임이다. 수업 시간에 배운 문제를 내고 문제를 맞힌 사람에게 슛을 할 수 있는 기회를 주는 것도 좋다.

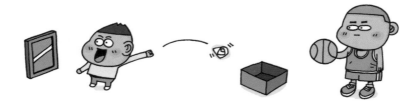

놀이 방법

1 2m 뒤에 상자를 놓고, 종이를 구겨서 10개의 공을 만든다.
2 자기 앞의 거울을 보면서 뒤에 있는 상자에 공을 넣는다.
3 공을 많이 넣는 사람이 승리한다.
4 팀으로 나누고 팀 상자에 공을 넣는 팀별 게임으로도 할 수 있다.

38 청개구리 대답

• **관련 단원** 1-1 여름 2단원, 2-1 여름 2단원

대답과 고갯짓을 반대로 하는 게임으로 단원 정리할 때 활용하면 유익한 놀이다. 말과 행동을 다르게 해야 하기 때문에 틀리기 쉬워서 집중력을 발휘해야 하는 활동이다.

놀이 방법

1 두 명을 한 모둠으로 모둠 활동을 한다.
2 한 사람은 문제를 내고 상대방은 답을 맞춘다. 문제를 낼 때는 수업 시간에 학습한 내용으로 "예" 또는 "아니오"로 답할 수 있는 단답형 문제를 낸다. (예 : 10은 3보다 큰가요?, 배추흰나비 글씨에 'ㄱ'이 들어 있나요?)
3 답이 '예'라면 '예'라고 말하면서 고개는 좌우로 흔든다. 만약 답이 '아니오'이면 '아니오'라고 대답하면서 고개는 위아래로 흔든다.
4 정답을 틀리게 말하거나 '예' 하면서 고개를 위아래로 흔들면 틀리게 되는데 틀린 사람이 벌점을 얻고 다시 문제를 낸다.

39 천생연분

• **관련 단원** 1-1 봄 2단원, 2-1 봄 2단원
• **준비물** 종이 카드

두 사람이 고개를 돌려서 마주 보며 서로 얼마나 마음이 잘 맞나 알아보는 놀이다. 공격과 수비를 정하여 게임 형식으로도 할 수 있으며 신학기에 친구와 가까워지는 데 도움이 되는 활동이다.

놀이 방법

1 두 명이 등을 맞대고 선다.
2 선생님의 신호와 함께 동시에 서로 원하는 쪽으로 고개를 돌린다. 만약 얼굴을 마주 보게 된다면 선생님은 두 사람에게 "이렇게 마음이 하나로 잘 맞는 사람은 처음 봅니다. 둘이는 천생연분이네요." 한다.
3 얼굴을 마주 보지 않으면 여러 번 해보도록 한다.
4 선생님은 학생들이 두 번만 맞아도 둘이는 천생연분이니 사이좋게 잘 지내라고 한다.

놀이의 팁 Tip

• 평소 잘 다투는 학생들을 화해시키는 데 좋은 놀이다.

40 손수레 끌기

• **관련 단원** 1-1 봄 1단원, 2-1 봄 1단원
• **준비물** 반환점

한 사람은 두 손을 땅에 짚고 엎드려 수레를 만들고 한 사람은 수레가 된
사람의 두 발을 양손으로 잡고 같이 반환점을 돌아오는 활동이다. 협동심
을 키우는 데 도움이 된다.

놀이 방법

1 두 명이 함께하는 짝 활동이다.
2 한 사람은 두 손을 땅에 짚고 엎드려 수레가 되고 한 사람은 수레가 된 사
   람의 두 발을 양손으로 잡고 같이 반환점을 돌아온다.
3 돌아올 때는 역할을 바꾸어 한다.
4 모둠별로 릴레이 경기를 할 수 있다.

놀이의 팁 Tip

• 체력적으로 힘든 활동이므로 학년 수준에 맞게 반환점 거리를 조절하도록
  한다.

41 교실에서 뛰지 말아요

- **관련 단원** 1-1 봄 1단원, 2-1 봄 1단원
- **준비물** 반환점

머리 위에 책을 올려놓은 상태에서 떨어뜨리지 않고 살살 걷는 놀이로, 교실과 복도에서 뛰는 학생들을 지도하는 데 도움이 되는 활동이다.

놀이 방법

1 네 명을 한 모둠으로 한다.
2 첫 번째 사람이 나와 머리 위에 책을 올려놓고 떨어뜨리지 않고 살살 걸으며 반환점을 돌아온다. 다음 사람에게 책을 인계하며 계속한다.
3 책을 떨어뜨리면 떨어뜨린 곳에서부터 다시 시작한다.
4 책을 떨어뜨리지 않고 반환점을 돌아오는 모둠이 승리한다.

42 가위바위보

• **관련 단원** 1-1 봄 1단원, 2-1 봄 1단원

팀별로 리더가 정한 가위바위보를 내는 놀이로 소극적인 학생이 리더가 되면 자신감을 키울 수 있는 활동이다.

◯ ● ▲
01 사냥꾼 가위바위보

1 세 명 혹은 네 명을 한 모둠으로 하고 리더를 한 명 정한다.

2 가위는 가위 대신에 두 손을 머리 위에 대고 "어홍!" 하는 소리를 내며 호랑이 흉내를 낸다. 바위는 바위 대신에 "빵!" 하며 총 쏘는 흉내를 낸다. 보는 보 대신에 "에헴!" 하며 할아버지가 수염을 쓰다듬는 흉내를 낸다.

3 리더는 다른 팀이 눈치채지 못하게 우리 팀이 가위바위보 중 무엇을 낼지 정한다.

4 모둠끼리 마주 보고 선생님의 신호에 따라 리더와 약속한 것을 낸다. 이때, 같은 모둠원이 서로 약속한 것을 내지 않고 각기 다른 것을 내면 지게 된다.

5 또 다른 모둠을 만나서 계속 진행을 한다. 많이 이긴 팀이 우승한다.

◯ ● ▲
02 발로 하는 가위바위보

1 전체가 자유로운 대형으로 선다.

2 두 명씩 만나 발로 가위바위보를 한다. 발을 모으면 바위, 발을 양 옆으로

벌리면 보, 발을 앞뒤로 벌리면 가위다.

3 진 사람은 이긴 사람의 꼬리에 붙어 신하가 되고 같은 팀이 된다.

4 이렇게 같은 팀이 되어 또 다른 팀을 만나 가위바위보를 한다. 이때는 리더가 내라는 것을 낸다. 가위바위보에서 진 팀은 상대편의 신하가 된다.

5 이렇게 게임을 계속 하다가 맨 마지막까지 남는 팀이 우승한다.

6 우승한 팀의 리더는 임금님이 되어 꼬리에 붙은 신하에게 "코끼리 코를 하면서 3바퀴 돌아라."와 같은 명령을 내릴 수 있다.

▲●◻

놀이의 팁 Tip

- 리더를 바꿔가며 하면 더 재미있게 즐길 수 있다. 특히 따돌림당하는 학생이나 뒤처지거나 소극적인 학생을 리더로 정하면 효과적이다.

- 이외에도 입으로 하는 가위바위보(입에 바람을 넣으면 바위, 입을 벌리면 보, 혀를 내밀면 가위), 몸으로 하는 가위바위보(두 손을 머리 위에서 모으고 발을 모으면 바위, 두 손을 양 옆으로 벌리고 발을 양 옆으로 벌리면 보, 한 손은 머리 위로 뻗고 한 손을 옆으로 뻗으면서 발을 앞뒤로 벌리면 가위)로 변형해서 게임을 할 수 있다.

43 이것을 좋아하나요?

• **관련 단원** 1-1 여름 1단원, 2-1 여름 1단원

게임 중에 벌칙을 주는 놀이다. 선생님은 지렁이가 우리에게 주는 여러 가지 고마움을 학생들에게 설명해 주면서 우리에게 유익한 생물은 무엇이 있는지 생각해 보는 시간을 가질 수 있다.

놀이 방법

1 선생님은 술래만 보지 못하도록 칠판에 '지렁이' 글씨를 써놓는다.
2 누구든 한 사람씩 술래에게 질문을 한다. 예를 들어 "이것을 사랑하십니까?", "맛있습니까?", "자주 드십니까?", "얼마입니까?" 등의 질문을 할 수 있다.
3 재치 있는 질문을 하면 더 재미있게 놀이를 즐길 수 있다.

44 김밥말이

• **관련 단원** 1-1 여름 1단원, 2-1 여름 1단원

친구들의 등 위를 구르며 적극적이고 자신감 있게 행동하는 놀이로 친구들과 친밀감을 형성하는 데 도움이 되는 활동이다.

○ ● ▲
01 엎드려 친구의 등 위로 구르기

1   두 모둠으로 나누어 일렬로 엎드린다.
2   맨 뒤에 엎드린 사람부터 친구의 등 위로 구르며 맨 앞으로 이동한다.
3   목적지까지 먼저 도착하는 모둠이 승리한다.

○ ● ▲
02 서서 친구의 앞으로 이동하기

1   두 모둠으로 나누어 일렬로 서서 앞사람의 허리를 잡는다.

2 맨 뒤에 서 있는 사람부터 맨 앞으로 달려간다. 바로 앞에 있던 사람은 맨 뒤가 되므로 또 앞으로 달려간다.

3 이런 식으로 위치를 바꾸면서 앞사람의 허리를 잡으며 반환점까지 먼저 도착하는 모둠이 승리한다.

▲ ● △
놀이의 팁 Tip

- 공동체 놀이에 소극적으로 참여하는 학생들에게 좋은 활동으로 친구들과 서로 접촉하는 과정 속에서 더욱 친밀해지며 놀이에 적극적으로 참여하고 자신감을 갖게 된다.

45 씨름

• **관련 단원** 1-2 가을 1단원, 1-2 겨울 1단원

전통놀이인 씨름을 다양하게 즐기며 친구들과 더욱 친밀한 관계를 맺는 데 도움이 되는 활동이다.

01 눈씨름

1 전체 인원을 두 줄로 세우고 두 명씩 마주 본다.
2 마주 서서 눈을 바라보다 먼저 눈을 껌벅거리는 사람이 지게 된다.
3 한 칸씩 옆으로 옮기며 짝을 바꾸어 계속한다.

02 손바닥 씨름

1 두 명씩 짝지어 일정한 간격을 두고 마주 선다.
2 손바닥을 서로 밀어 균형을 잃은 사람이 지게 된다.

03 돼지씨름

1 바닥에 엉덩이를 붙이고 앉는다.
2 앉아서 팔깍지를 끼고 허벅지를 감싼다. 몸을 쉽게 움직이지 못하게 한 후 상대방을 밀어서 쓰러뜨린다.
3 일대일 대항뿐 아니라 모든 학생들이 한꺼번에 참여해도 된다.

4 밀어낼 친구를 찾아 돌아다니면서 놀이에 참가하도록 한다.

○●▲
04 실외에서 하는 돼지씨름

1 지름 2미터 정도의 원을 그려서 씨름꾼 두 명이 들어간다. 여러 명이 함께
경기를 할 경우는 원의 크기를 크게 한다.

2 학생들은 서로 쪼그리고 앉아서 두 팔을 허벅지와 종아리 사이에 넣어 왼
손은 오른쪽 발목을 잡고, 오른손은 왼쪽 발목을 잡는다.

3 엉덩이를 들거나 두 발을 움직여 걸으면 안 된다.

4 모둠발로 뛰어 엉덩이로 상대를 밀어 쓰러뜨리거나 원 바깥으로 밀어내면
이기게 된다. 비 오는 날 교실에서도 가능한 놀이다.

○●▲
05 오른손 씨름

1 두 명씩 서로 마주 보고 선다.

2 왼손을 서로 마주 잡고 오른손으로 상대방의 등을 먼저 치는 사람이 승리
한다.

06 엉덩이 씨름

1 반 전체를 세 팀으로 나눈다. (예 : 오리팀, 돼지팀, 사자팀)

2 모둠원들은 팀 이름이 적힌 네임카드를 목에 걸고 손을 뒤로 하고 깍지를 낀 후 원 안으로 들어간다.

3 자유롭게 돌아다니면서 상대방 팀을 엉덩이로 밀어낸다.

4 가장 많이 남은 팀이 승리하게 된다.

놀이의 팁 Tip

• 모든 학생들이 함께 참여하여 즐기므로 공동체 의식을 가질 수 있다.

• 몸집이 작은 학생이 덩치가 큰 학생을 이기는 경우가 많아서 씨름이 꼭 덩치가 큰 사람만이 하는 놀이가 아니라는 것을 알게 해주며 학생들에게 자신감을 심어주는 활동이다.

46 우리 팀이 최고!

• 관련 단원 1-2 겨울 2단원

팀별로 선생님이 요구하는 특징을 가진 대표 선수를 선발하여 내보내는 올림픽 같은 게임 놀이로 협동심을 키우는 데 도움이 되는 활동이다.

놀이 방법

1 선생님이 요구하는 대표 선수를 팀별로 선발한다.
2 예를 들어 키가 가장 큰 사람, 엉덩이가 가장 큰 사람, 콧구멍이 가장 큰 사람, 입이 가장 큰 사람, 머리카락이 가장 긴 사람 등으로 선발할 수 있다.
3 선생님은 콧구멍을 자로 재거나, 익살맞은 행동을 시켜보고 제일 잘하는 팀에게 점수를 준다.

47 거북이 경주

- **관련 단원** 1-2 가을 1단원
- **준비물** 공, 인형, 바구니

등에 바구니를 얹고 공이나 쿠션 같은 물건을 넣고 반환점을 돌아오는 릴레이 경기로 협동심을 기르는 데 도움이 되는 활동이다.

놀이 방법

1 반 전체를 세 팀으로 나누고 각 팀의 팀원 중 한 명이 주자로 나선다.
2 주자는 등에 바구니를 얹고 바구니에 공이나 인형 같은 물건을 넣는다.
3 팀장은 주자를 따라다니며 떨어진 물건을 등에 올려놓는 역할을 한다.
4 반환점을 돌아서 먼저 들어오는 팀이 승리한다.
5 등에 올려놓는 물건의 종류에 따라 기어서 가기, 걸어서 가기, 뛰어서 가기 등으로 규칙을 변형할 수 있다.

48 나의 직업은?

- **관련 단원** 1-1 여름 1단원, 2-1 여름 1단원
- **준비물** 직업 카드

직업의 특징을 듣고 직업의 종류를 알아내는 놀이로 진로 교육에 적합한
활동이다.

놀이 방법

1 네 명을 한 모둠으로 하고 모둠별 활동을 한다.

2 문제를 내는 모둠은 직업 카드 상자에서 하나의 카드를 뽑는다. (예 : 기관
   사)

3 한 명이 한 가지씩 직업이 갖는 특징이나 직업과 관련된 도구를 말하고 다
   른 모둠은 어떤 직업을 말하는지 맞힌다. (예 : 여행을 다녀요, 운전을 해요, 산도
   지나고 강도 건너요, 멋있어요, 빨라요, 부산도 가요 등) 10개 이내의 힌트를 듣고
   직업을 맞히는 모둠이 점수를 얻는다.

4 문제를 내기 전에 누가 어떤 힌트를 줄 것인지 모둠끼리 의논을 하게 하면
   좋다.

49 스크럼 릴레이

• 관련 단원 1-2 겨울 1단원

네 명이 서로 팔을 끼고 달리는 놀이로 친구와 서로 돕고 보조를 맞추는 것이 중요하다는 것을 깨닫게 되며 협동심을 기르는 데 도움이 되는 활동이다.

놀이 방법

1   네 명을 한 모둠으로 한다.
2   선생님의 신호에 따라 네 명이 등을 맞대고 스크럼을 짠 후 반환점을 돈다.
3   스크럼이 흐트러지지 않은 채 먼저 도착하는 모둠이 승리한다.

놀이의 팁 Tip

• 빨리 달릴 수가 없어 시간이 걸리는 힘든 게임이므로 반환점을 가까이에 두면 좋다.
• 등을 맞대는 것을 힘들어할 수 있으니 개인 차에 따라서 네 명이 마주 보고 손을 잡고 달리게 할 수도 있다.

50 오감을 깨워요

- **관련 단원** 1-1 여름 2단원
- **준비물** 간장, 식초, 콩기름, 도화지, 눈가리개

청각, 시각, 촉감, 미각, 후각을 이용해 오감을 깨우는 놀이로 창의력을 기르는 데 도움이 된다. 안전과 위생을 위해서 맛을 보는 활동은 빨대로 찍어서, 냄새는 손바람을 일으켜서 맡도록 해야 한다.

01 촉감을 살려요

1   반 전체를 두 모둠으로 나눈다.

2   교실에서 쉽게 찾을 수 있는 작은 물건 20개 정도가 든 상자를 두 개씩 준비하여 두 모둠의 앞에 놓는다.

3   상자 앞에 한 명씩 나와 눈을 가린다. 손을 상자에 넣어 물건을 만져보고 선생님이 말하는 물건을 빨리 찾는 사람이 승리한다. (예 : 지우개를 찾으세요, 풍선을 찾으세요.)

4 한 사람씩 상자에 손을 넣어보고 어떤 물건이 있는지 알아내는 활동을 할 수 있다.

△●▲

02 눈 가리고 친구 알아내기

1 네 명을 한 팀으로 A팀, B팀을 만든다.

2 먼저 A팀 학생 모두 눈을 가린다. B팀 한 사람이 A팀 학생 앞에 선다.

3 선생님이 "머리를 만지세요." 하면 A팀 학생들은 앞에 있는 학생의 머리를 만져보고 앞에 있는 사람이 누구인지 알 것 같은 사람은 조용히 손을 든다.

4 손을 든 사람에게 앞에 있는 사람의 이름을 말하게 한다. 이때 이름을 맞히면 A팀은 50점을 얻는다. 못 알아내면 "다음에는 손을 만져보세요" 한다. 손을 만져 알아내면 40점을 얻는다. 이렇게 횟수를 더해 갈수록 10점씩 감점한다.

5 B팀과 역할을 바꿔 게임을 하여 최종 점수로 승패를 가린다.

6 여러 명이 나오는 것보다 한 사람씩 나와서 만져보게 하면 주의가 집중될 수 있다.

△●▲

03 청각을 살려요

1 선생님이 교탁 밑에서 들려주는 소리를 듣고 어떤 소리인지 맞힌다.

2 선생님은 청각을 살리는 다양한 소리를 낸다. (예 : 종이 구기기, 탬버린 흔들기, 트라이앵글 치기, 종이 찢기, 돌 두드리기, 풍선 바람 빼기 등)

3 학생들은 문제를 맞힐 때마다 1점을 얻는다.

04 내 코는 개 코

1 선생님은 같은 병 여러 개에 각각 다른 액체를 넣는다. (예 : 간장, 콩기름 등)

2 각 병의 번호가 적힌 종이를 학생들에게 나누어준다.

3 한 사람씩 나와서 손바람을 일으켜 냄새를 맡아보게 한다.

4 병에 든 액체의 이름을 종이에 적는다. 정답을 맞힌 사람이 승리한다.

05 눈을 크게 뜨고 자세히 보세요

1 네 명이 한 모둠으로 한다.

2 40가지의 물건을 한자리에 모아놓고 보자기로 덮는다.

3 제한 시간을 10초로 하고 한 모둠씩 나와서 무슨 물건이 있는지 살펴보도록 한다.

4 물건의 이름을 적고 한 개 맞힐 때마다 1점씩 얻는다. 많은 점수를 얻는 팀이 승리한다.

놀이의 팁 Tip

• 중복되는 물건을 기억하는 경우가 많아 다 적지 못하는 팀이 생기므로 두 번째 게임을 할 때는 더 많은 물건으로 해도 좋다.

• 어떻게 해야 다 적을 수 있을지 먼저 협의하도록 시간을 주어도 좋다. 그러면 왼쪽 오른쪽 나누어서 보자, 물건 이름의 첫 글자만 외우자 등의 의견이 나올 수 있다.

06 눈 가리고 그림 그리기

1 네 명을 한 모둠으로 한다.

2 선생님은 칠판에 4절지 도화지를 붙여놓는다.

3 한 사람씩 나와 눈을 가리고 선생님이 지시하는 것을 그린다. (예를 들어 고양이를 그린다면, 첫 번째 사람은 고양이 얼굴을 그리고, 다른 사람은 몸을, 다른 사람은 꼬리, 마지막 사람은 다리를 그리도록 한다.)

4 전체적으로 조화를 잘 이룬 그림을 그린 팀이 승리한다.

놀이의 팁 Tip

• 네 명이 눈을 가리고 다 같이 그릴 수 있으며 누가 무엇을 그릴 것인가 역할 분담을 한다. 모둠별 활동도 가능하다.

• 가위바위보를 해서 이긴 팀만 사람 얼굴 한 가지씩 그려나가기 놀이로 발전시켜도 좋다.

07 눈 가린 조각가

1 두 명을 한 모둠으로 한다.

2 가위바위보를 해서 이긴 사람이 먼저 조각품이 되고, 진 사람은 조각가 역할을 한다. 진 사람은 눈을 가리고 이긴 사람의 정지된 동작을 만져본 후 똑같은 포즈를 취하고 눈을 떠서 동작을 확인한다. (예 : 한 손은 머리 위로 올리고 한 발은 든다, 두 손을 앞으로 뻗는다, 다리를 벌려 앉는다 등)

51 사람 줄다리기

• **관련 단원** 1-2 가을 1단원

앞 사람의 허리를 잡고 하는 줄다리기 놀이로 다칠 수 있으니 매트 위에서
하는 것이 좋다. 협동심을 키우기에 좋은 활동이다.

놀이 방법

1   다섯 명씩 두 팀으로 나누어 앞사람의 허리를 잡는다.
2   줄이 끊어지거나 끌려오는 팀이 지게 된다. 맨 앞에 있는 사람끼리 팔 고
   리를 만들어서 줄다리기 게임을 한다.

놀이의 팁 Tip

• 한 팀은 전봇대나 나무에 한 줄로 매달려 있고 다른 팀은 맨 뒷사람부터
  한 사람씩 떼어내는 게임으로 변형할 수 있다.

52 가마 타기

• **관련 단원** 1-2 가을 1단원

가마를 타고 가위바위보를 하는 놀이로 협동심을 기르는 데 좋은 활동이다. 가마는 가벼운 학생을 태우는 것이 좋다.

△ ● ▲
놀이 방법

1   세 명씩 짝을 지어 가위바위보를 한다.
2   진 사람이 가마를 만들고 이긴 사람은 가마에 탄다.
3   진 사람은 자기 왼손으로 오른 손목을 잡고, 오른손으로는 앞사람 왼 손목을 잡고 앉는다.
4   이긴 사람은 두 사람의 팔 사이로 발을 넣고, 두 사람의 어깨를 잡는다.
5   돌아다니며 다른 사람과 가위바위보 하고 지면 가마를 푼다.
6   팀별 게임으로 해도 좋다.

53 킬러 찾기

· 관련 단원 1-2 가을 1단원

킬러와 악수를 한 사람은 탈락하는 놀이로 집중력을 기르는 데 도움이 되는 활동이다. 학생들은 이 활동을 통해 친구의 중요함을 느끼게 된다.

놀이 방법

1 술래를 한 명 정한 다음에 모두 눈을 감게 하고 선생님이 킬러를 한 명 정한다.

2 모두 자유롭게 돌아다니면서 친구를 만나 "안녕하세요. 저는 ○○○입니다." 하고 악수를 한다.

3 킬러는 악수를 하는 사람의 손을 두 번 쥐었다 편다. 킬러를 만난 사람은 30초 정도 흐른 다음에 조용히 자기 자리에 앉는다.

4 술래는 이렇게 한 사람씩 죽어가는 모습을 보며 누가 킬러인지 찾아내야 한다.

5 음악을 틀어놓고 음악이 끝날 때까지 술래가 킬러를 찾지 못하면 벌칙을 줄 수도 있다. 게임이 끝나면 또 다른 술래와 킬러를 정하고 계속한다.

54 목마 타기

- **관련 단원** 1-1 봄 1단원, 1-2 가을 1단원

놀이를 하고 난 후 벌칙으로 활용할 수 있는 활동이다. 친구에 대한 배려심과 소중함을 일깨울 수 있다.

놀이 방법

1 놀이를 하고 난 후 진 사람이 이긴 사람을 업는다. 목마를 태워도 좋다.
2 업힌 사람이 왼쪽 귀를 흔들면 왼쪽으로 움직이고 오른쪽 귀를 흔들면 오른쪽으로 움직인다. 양쪽 귀를 흔들면 정지한다.
3 머리를 두드리면 직진하는데 세게 두드리면 속력을 낸다.
4 이동할 때 부딪치지 않도록 주의를 살피도록 한다. 체육관에서 활동하면 좋은 놀이다.

55 킨타폴카

• **관련 단원** 1-1 여름 1단원, 2-2 가을 1단원

포크댄스를 하면서 마음껏 웃는 활동으로 적극적인 학생들에게 알맞은 활동이다.

△ ● ▲
놀이 방법

1 두 명씩 짝을 지어 손을 잡고 선다.

2 〈킨타폴카〉 노래에 맞춰 8호간(앞쪽으로 이동하며 하나, 둘, 셋, 넷 - 제자리걸음하며 하나, 둘, 셋, 넷), 8호간(뒤쪽으로 이동하며 하나, 둘, 셋, 넷 - 제자리걸음하며 하나, 둘, 셋, 넷) 16호간 동작을 반복한다.

3 8호간을 다음과 같이 두 번 반복한다.
"자기 무릎 두 번, 자기 손뼉 두 번, 상대방 손뼉 세 번을 친다(세 번 칠 때는 '하하하' 웃으며)."

4 8호간을 다음과 같이 한 번 한다.
"오른발 내밀고 오른손 검지로 상대방 얼굴 가리키며 "하하하", 왼발 내밀고 왼손 검지로 상대방 얼굴 가리키며 "호호호" 한다."

5 8호간을 다음과 같이 한 번 한다.
"서로 팔짱을 끼며 "랄라라라라라라라랄라라" 하며 한 바퀴 돈다."

6 노래가 한 번 끝날 때마다 파트너를 바꾸며 한다. "하하하", "호호호" 웃을 때는 큰 소리를 내면서 웃도록 한다.

놀이의 팁 `Tip`

- 배우지 않아도 쉽게 따라할 수 있는 내용으로 구성되어 있어 금방 익힐 수 있는 활동이다.

- 팔짱을 끼고 돌 때 너무 세게 돌다 넘어지는 경우가 있으니 주의해야 한다.

- 비 오는 날이나 무더운 여름, 추운 겨울에는 운동장에서 체육 수업을 할 수가 없는 경우가 많이 생긴다. 이 놀이는 좁은 공간에서 옆 반에 크게 피해를 주지 않으면서 활동적인 수업을 할 수 있다는 장점이 있다.

- 포크댄스를 할 때 저학년의 경우는 느린 곡이 적당하지만 고학년의 경우는 느린 곡보다는 빠른 곡이 좋다. 〈킨타폴카〉의 곡은 좀 느린 곡에 속하므로 4/4 박자의 빠른 곡 〈울릉도 트위스트〉에 맞추어 춤을 춰도 잘 맞는다. 많은 인원을 상대로 활동할 경우에 쉽게 마음 문을 열도록 접근할 수 있는 게임 중의 하나가 포크댄스이다.

56 노래하며 웃기

• **관련 단원** 1-1 여름 2단원

〈개똥벌레〉 노래에 맞춰 율동하는 놀이로 가사에 맞는 율동을 학생들 스스로 만들게 하면 더욱 즐겁게 참여하는 활동이다.

놀이 방법

1 〈개똥벌레〉 노래에 맞춰 율동을 한다.

2 8호간의 율동으로 자기 무릎 두 번, 자기 손뼉 두 번 친 후에 가사에 맞는 표현을 한다.

3 아무리 우겨 봐도(팔뚝 걷기) 어쩔 수 없네(손 가로젓기) 저기 개똥무덤이(큰 원 그리기) 내 집인 걸(지붕 모양으로 양손 모으기) 가슴을 내밀어도(가슴 내밀기) 친구가 없네(손 가로젓기), 노래하는 새들도(입가에 양손 대기), 멀리 날아가네(바이바이 모습), 가지 마라(간질이기) 가지 마라 가지 말아라 나를 위해 한 번만(손가락 한 개 표시), 노래를 해다오(입가에 두 손 연결하기), 난나~ 나나나나~(춤추기), 쓰라린 가슴 안고(가슴 안기), 오늘 밤도 이렇게(양손 벌려 올리기), 울다 잠이 든다(잠자는 모습)

놀이의 팁 Tip

• 노래를 부르며 서로 간질이고 웃게 만드는 활동으로 함께 웃다 보면 친구에 대한 미운 마음도 사라지고 서로 친해질 수 있어 사회성 발달에 도움이

되는 활동이다.

- 간질이기 대신에 배꼽을 잡고 웃게 할 수 있다.
- 간질이기 대신에 친구를 자기 쪽으로 끌어오게 할 수 있다. 마치 줄다리기 하듯 서로 잡아당기다 보면 운동 효과가 있으므로 체육 시간에 해도 좋다. 힘의 세기가 차이가 많이 나면 한쪽에서 일방적으로 끌려갈 수 있으므로 이 경우는 키가 비슷한 사람끼리 짝을 하는 것이 좋다.
- 간질일 때 싸움이 날 수 있으므로 때리거나 너무 세게 간질이지 않도록 한다.
- 노래를 부를 때는 화면으로 가사를 보여주는 것이 좋다.

57 거머리 뒤집기

• **관련 단원** 1-1 여름 2단원, 2-1 여름 2단원

맨 뒤에 있는 사람부터 눕고, 다시 뒷사람부터 일어나는 놀이로 협동심을 기르는 데 도움이 되는 활동이다.

놀이 방법

1 모둠별로 일렬로 선다.
2 모두 머리를 숙여서 오른손을 양다리 사이로 빼서 뒷사람의 왼손을 잡고, 왼손은 앞사람의 오른손을 잡는다.
3 맨 뒤에 있는 사람부터 눕고, 다 누우면 다시 뒷사람부터 일어나는 놀이다.
4 모두 누웠다가 가장 먼저 일어나는 모둠이 이기는데 중간에 손이 풀리는 모둠은 지게 된다.
5 모두 하나의 큰 원으로 모여서 해도 좋다.

놀이의 팁 Tip

• 신체 활동이라 다칠 수 있으니 체육관에 매트를 깔아놓고 하도록 한다.

58 뒷사람 무릎에 앉기

• **관련 단원** 1-1 여름 2단원, 2-1 여름 2단원

전체의 인원이 뒷사람 무릎에 앉는 놀이로 반 전체의 협력이 필요한 활동이다. 뒷사람 무릎에 살짝 앉아야 성공할 수 있다. 실패하면 성공할 때까지 활동하도록 한다.

놀이 방법

1   모든 사람이 앞사람 어깨를 잡고 한 줄로 선다.

2   앞사람이 뒷사람 무릎에 살짝 앉는다. 신호에 따라 하나 둘 외치며 앞으로 전진한다.

3   운동 효과가 높아 몇 번만 해도 땀이 나는 활동이므로 선생님은 학생들이 체력적으로 힘들어하지 않는지 살피도록 한다.

59 열 꼬마 인디언

• **관련 단원** 1-1 봄 1단원, 1-2 가을 1단원, 2-1 봄 1단원

노래하며 율동하는 친교 놀이로 신학기에 친구를 사귀는 데 좋은 활동이다.

놀이 방법

1 〈열 꼬마 인디언〉 노래에 맞춰 율동을 한다.

2 전체가 두 개의 원을 만들고 마주 보고 선다.

3 한 꼬마 : 두 명씩 짝을 짓고 짝끼리 마주 보고 악수를 한다.

4 두 꼬마 : 오른쪽으로 한 발씩 이동하면 다른 사람과 마주 보게 된다. 그 사람과 악수를 한다.

5 세 꼬마 : 또 옆으로 나아가며 악수를 한다.

6 인디언 : 옆으로 나아가지 말고 제자리에 서서 악수한 사람과 "안녕하세요" 인사를 한다.

7 같은 방법으로 인디언이 나오면 그 자리에 서서 "안녕하세요" 인사를 한다. 노래가 끝나면 마지막으로 만난 사람과 선생님의 지시에 따른 활동을 한다. (예 : 서로 칭찬해 주기, 안아주기, 업어주기 등)

60 돌고 도는 신발

• **관련 단원** 1-2 가을 1단원, 2-2 가을 1단원
• **준비물** 신발

신발의 짝을 찾는 놀이로 주운 물건은 원래 주인에게 돌려줘야 한다는 것을 깨닫게 하는 활동이다.

놀이 방법

1 모두 둥글게 모여 앉는다.
2 모두 신발을 벗어서 원 한가운데에 놓는다.
3 신호가 떨어지면 다 같이 달려가서 아무 신발이나 짝이 안 맞아도 상관없이 두 짝을 신고서 자기 자리로 돌아온다.
4 둥그렇게 앉아서 옆 사람과 팔짱을 끼고 오른쪽 신발을 벗어서 노래를 부르며 옆으로 돌린다.
5 신발이 돌 때 자기 신발과 짝이 맞으면 신발을 신는다.
6 자기의 왼쪽 신발과 맞는 짝을 찾을 때까지 계속하며 가장 늦게 신발을 찾는 사람은 벌칙을 받는다.

놀이의 팁 Tip

• 망가질 염려가 있으므로 너무 작은 신발은 꼭 신지 않아도 된다.

61 업고 오래 버티기

• **관련 단원** 1-2 겨울 2단원, 2-2 겨울 2단원

짝을 업고 오래 버티는 놀이로 좁은 공간에서도 체력 소모가 많아서 겨울철 실내 활동으로 적합하다.

△ ● ▲
놀이 방법

1 신호에 따라 짝을 업고 오래 버티는 팀이 승리한다.

2 선생님이 학생들에게 짝을 업은 상태에서 제자리에서 한 바퀴 돌라는 지시를 하면 학생들이 더욱 즐거워한다.

62 술래를 찾았나요?

- **관련 단원** 1-1 봄 1단원, 2-1 봄 1단원
- **준비물** 눈가리개

눈을 감고 다니면서 술래를 찾는 놀이로 서로 다치지 않게 살피며 활동하도록 한다. 안전 교육에 활용하면 좋다.

놀이 방법

1   자유로운 대형으로 앉는다. 모두 눈을 가리고 술래를 한 명 뽑는다.
2   사회자의 신호가 떨어지면 모두 방을 더듬으면서 돌아다니다가 부딪친 사람끼리 서로 조용히 "술래를 찾았나요?"라고 묻는다.
3   이때 술래 외에 모두는 "아니요."라고만 대답한다. 술래만이 조용하게 "그래 찾았어."라고 속삭인다.

4 술래와 만난 사람은 또 다른 술래가 된다.

5 술래를 제일 늦게 만나는 사람이 벌칙을 받는다.

▲ ● △
놀이의 팁 💬Tip

- 눈을 가리고 서서 활동하면 다칠 수 있기 때문에 위험하지 않은 공간에서 앉거나 기어 다니며 활동하는 것이 좋다.

- 선생님은 학생들이 움직이면서 친구의 손을 밟거나 머리를 부딪칠 수 있으니 과격하게 행동하지 않도록 안전에 주의를 준다.

63 나의 반쪽은

- **관련 단원** 1-2 가을 1단원, 2-2 가을 1단원
- **준비물** 종이, 풍선

자신의 의도와는 상관없이 무작위로 짝을 정하는 놀이로 자리를 바꿀 때 좋은 활동이다.

놀이 방법

1   전체를 두 모둠으로 나눈다.
2   한 모둠에게 쪽지와 풍선을 하나씩 나누어준다. 자기의 이름을 쪽지에 적고, 풍선에 넣은 다음 풍선을 불어서 묶는다.
3   풍선을 가운데로 모으고 다른 모둠이 그 풍선을 하나씩 선택한 후 터뜨린다.
4   풍선 속에서 나온 이름과 풍선을 터뜨린 사람이 짝이 된다.

64 따로따로

• **관련 단원** 1-2 겨울 1단원, 2-2 가을 1단원
• **준비물** 스티커

대답하는 사람과 일어나는 사람이 따로따로 행동하는 놀이로 집중력을 키우는 활동이다.

놀이 방법

1 모두 둥글게 모여 앉는다.
2 선생님은 한 사람을 가리키면서 다른 사람의 이름을 부른다.
3 지목받은 사람은 "네"라고 대답하고, 이름을 불린 사람은 아무 말 없이 일어난다.
4 선생님이 이름을 부른 사람이 대답을 하거나, 일어나지 못할 때, 지목받은 사람이 대답을 못 하거나 일어날 때 벌칙을 받게 된다.
5 벌칙을 받는 사람 얼굴에 스티커를 붙이고 계속하거나, 탈락 시킨 후 계속할 수 있다. 속도를 빨리하면 더 재미있다.

65 강 건너기

• **관련 단원** 1-2 겨울 2단원, 2-2 겨울 2단원

십자가 모양의 그림을 그리고 공격팀이 한 바퀴 도는 동안 수비팀은 공격 팀을 선 밖으로 끌어내는 전래놀이로 학생들이 즐겁게 참여하는 활동이다.

놀이 방법

1 반 전체를 두 팀으로 나누고 운동장에 십자가 모양을 그린다.
2 가위바위보를 해서 공격과 수비를 정한다.
3 공격자는 십자가 안에 서고 수비자는 십자가 밖에 선다. 십자가의 가운데 공간은 수비자의 공간이다.
4 공격자는 십자가를 한 바퀴 돌아야 한다. 수비자는 공격자를 십자가 밖으로 끌어내거나 금을 밟게 해서 탈락시킨다.
5 공격자가 한 사람이라도 한 바퀴를 돌아오면 탈락된 사람은 모두 다시 살아난다.
6 모두 탈락되면 공수를 교대한다.

놀이의 팁 Tip

• 몸을 밀치는 게임이므로 선생님은 다치지 않도록 안전에 주의를 주도록 한다.
• 운동장 놀이로 적합한 활동이다.

66 농구공 웃음

• 관련 단원 1-2 가을 2단원, 2-2 가을 2단원

농구공이 통통 튀듯이 고개가 땅에 닿을 정도로 내렸다 올렸다 하면서 다양한 표정을 짓는 놀이로 표현 활동을 배울 때 적합한 활동이다.

놀이 방법

1 두 명이 짝을 지어 마주 보고 〈훌랄라 폴카〉 노래를 부른다.
   "모두 모여라 손목을 잡고 흥겹게 모두 춤을 추세 / 훌랄라랄라 훌랄라랄라 훌랄랄랄라 랄랄라 / 동산에 햇님 솟아오르면 숲 속에 새가 노래하네 / 훌랄라랄라 훌랄라랄라 훌랄랄랄라 랄랄라"
2 가위바위보를 해서 이긴 사람이 진 사람의 머리를 가볍게 눌렀다 올렸다 한다.
3 진 사람은 농구공이 튕기듯 머리를 땅에 닿을 정도로 내렸다 올렸다 하면서 다양한 표정을 짓는다. 땅에 닿을 때는 농구공이 찌그러지듯이 찌그러진 표정을 짓고, 머리를 올릴 때는 농구공이 튕기듯 밝고 환한 표정을 짓는다. 가위바위보를 반복하면서 역할을 바꾸어 한다.

놀이의 팁 Tip

• 농구 대신에 배드민턴, 탁구, 야구와 같은 운동을 한다고 상상하며 활동할 수 있다. 야구를 한다면 공이 사람 쪽으로 왔다가 멀어지는 행동을 하고,

배드민턴을 하는 경우는 세 명이 가위바위보를 하여 한 사람은 배드민턴 셔틀콕 역할을 하면 된다.

- 남학생들은 장난으로 싸우는 흉내를 내며 노는 모습을 종종 볼 수 있다. 마치 영화 속의 격투기 장면이나 복싱, 레슬링을 하듯이 놀기를 좋아한다. 놀이를 하면서 과격한 행동 때문에 싸움이 일어나는 경우가 종종 있으므로 항상 친구를 배려하도록 한다.

- 이 놀이는 여학생보다는 남학생들에게 흥미를 끌 수 있는 놀이다. 경우에 따라서는 여학생은 남학생들의 표정을 지켜보면서 제일 재미있는 표정을 짓는 학생을 찾아내도록 해도 재미있다. 또는 팀을 정하고 팀별로 실시하여 제일 재미있는 표정을 짓는 팀을 선발해도 좋다.

- 자주 싸우는 학생을 야단치고 체벌하고 싶을 때 이 놀이를 시켜도 좋다. 하는 학생도 즐거워 하지만 보는 학생도 즐거움을 느낄 수 있기 때문에 체벌보다 효과가 좋다.

67 신발 주인을 찾아라!

- **관련 단원** 1-2 가을 2단원, 2-2 가을 2단원
- **준비물** 신발

팀원의 신발을 찾아주는 놀이로 협동심을 기를 수 있는 활동이다. 신발의 주인을 찾아서 신발 주인과 과제를 수행하게 해도 좋다.

놀이 방법

1   각 모둠에서 한 명씩 무대로 불러낸다.

2   음악이 나오면 무대 위에서 모둠 대항 댄스를 시작한다.

3   무대 아래 있는 자기 모둠원의 신발을 한 짝만 갖고 오게 한다.

4   가지고 올라온 신발을 흔들면서 댄스 대결을 다시 한다.

5   모든 신발을 섞어서 춤을 추는 사람에게 한 짝씩 나누어준다.

6   춤을 추는 사람은 신발의 주인을 찾아서 신발 주인과 함께 무대로 올라온다.

7   빨리 올라오는 모둠에게 점수를 준다.

8 신발 주인은 자기 모둠이 승리하기 위해 발을 감춰도 된다.

9 신발 주인과 함께 다시 신발을 흔들면서 댄스를 하고 마무리한다.

68 신문지 배

- **관련 단원** 1-2 가을 2단원, 2-2 가을 2단원
- **준비물** 신문지

신문지를 반씩 접어가면서 팀원이 모두 신문지 위에 올라가는 놀이로 서로 양보하며 협동하지 않으면 이길 수 없는 활동이다.

놀이 방법

1   팀별로 신문지를 한 장씩 갖는다.
2   신호에 따라 신문지를 반으로 접어 모든 팀원이 올라간다.
3   또다시 반으로 접고 모두 올라간다. 실패하는 팀은 탈락한다.
4   계속 접어나간다. 3초간의 시간을 버티면 성공하는 것으로 한다.

69 쌀보리

• **관련 단원** 1-2 가을 2단원, 2-2 가을 2단원

가위바위보를 해서 진 사람은 손을 모아서 벌리고, 이긴 사람은 벌린 손 안
으로 주먹을 넣었다 뺐다 하는 전래놀이다. 농사와 추수를 배우는 단원에
서 활용하기에 적합한 활동이다.

놀이 방법

1 〈홀랄라 폴카〉 노래 부르며 짝과 가위바위보를 한다.
   "모두 모여라 손목을 잡고 흥겹게 모두 춤을 추세 / 홀랄라랄라 홀랄라랄
   라 홀랄랄랄라 랄랄라 / 동산에 햇님 솟아오르면 숲 속에 새가 노래하네 /
   홀랄라랄라 홀랄라랄라 홀랄랄랄라 랄랄라"
2 진 사람은 손을 모아 벌리고 이긴 사람은 그 벌린 손 안으로 "쌀" 또는 "보
   리"를 하며 주먹을 넣었다 뺐다 한다.
3 이긴 사람이 "보리" 할 때는 진 사람이 이긴 사람의 주먹을 잡을 수 없고
   "쌀" 했을 때만 주먹을 잡을 수 있다. "보리, 보리" 하면서 넣을 때는 천천
   히 넣고, "쌀" 하면서는 빨리 넣었다 뺀다. 이때 진 사람은 이긴 사람의 주
   먹을 잡으면 된다.
4 만약에 진 사람이 잡지 못하면 이긴 사람이 한 번 더 할 수 있다.
5 이긴 사람이 큰 소리로 "보리" 하거나 "보자기", "보물" 하면 '쌀'인 줄 알고
   잡게 되어 놀이에 재미를 더할 수 있다.

70 신발 밟기

• **관련 단원** 1-2 겨울 2단원, 2-2 겨울 2단원

서로 손을 잡고 상대방의 신발을 먼저 밟는 사람이 승리하는 놀이로 안전한 생활을 지도할 때 적합한 활동이다.

놀이 방법

1 짝과 마주 보고 서로 손을 잡는다.
2 손을 놓지 않고 상대방의 발을 먼저 밟는 사람이 승리한다.

71 미용실에서

- **관련 단원** 1-1 여름 1단원, 2-1 여름 1단원
- **준비물** 고무밴드, 스카프

고무밴드를 이용하여 팀별로 한 사람의 머리를 꾸미는 미용실 활동이다. 이웃이 하는 일이나 진로 교육에 활용하면 좋다.

놀이 방법

1   모둠별로 둥글게 모여 앉는다.
2   선생님이 "하나 둘 셋" 하면 각 모둠의 모둠원들은 손으로 춤을 제일 잘 출 것 같은 사람을 지명하여 모둠의 대표로 삼고 원 안에 세운다.
3   음악이 나오면 모둠장은 원 안에서 춤을 춘다. 모둠장이 춤을 추는 동안 선생님은 모둠원에게 고무밴드를 나눠주고 모둠원 한 명을 뽑아 고무밴드로 예쁘게 머리를 꾸미도록 한다.
4   제한된 시간에 가장 잘 꾸민 모둠에게 점수를 준다.
5   스카프와 같은 소품을 이용하여 꾸며도 좋다.

72 왼발 들어, 오른발 들어

- **관련 단원** 1-2 겨울 1단원, 2-2 겨울 1단원
- **준비물** 반환점

앞 사람 어깨를 잡고 구령에 맞춰 움직이는 놀이로 겨울철 운동장에서 해도 좋은 활동이다.

놀이 방법

1 모둠별로 앞사람 어깨를 잡는다.
2 선생님이 "왼발 들어, 오른발 들어, 앞으로 갔다 뒤로 갔다 하나 둘 셋" 하며 지시를 한다.
3 지시에 맞는 동작을 하면서 모둠 전체가 똑같이 움직인다.
4 반환점을 정해 놓고 지정된 반환점을 빨리 돌아오는 모둠이 승리한다.
5 앞사람의 어깨를 놓치면 안 되므로 너무 빨리 뛰지 말고 조금씩 이동하도록 한다.

73 눈 가린 사람 인도하기

- **관련 단원** 1-2 가을 2단원, 2-2 가을 2단원
- **준비물** 깃발, 눈가리개

한 줄로 어깨를 잡고 서서 맨 뒷사람만 눈을 뜨고 신호에 따라 주어진 물건을 찾는 놀이로 협동심을 기를 수 있는 활동이다.

놀이 방법

1 네 명을 한 모둠으로 한다.
2 모둠별로 눈을 가리고 앞사람의 어깨를 잡는다. 맨 뒷사람만 눈을 뜬다.
3 모둠별로 이동 규칙을 정한다. 맨 뒷사람이 앞사람의 오른쪽 어깨를 두드리면 앞사람은 계속 앞으로 전달해 맨 앞사람이 오른쪽으로 이동하도록 한다. 왼쪽 어깨를 두드리면 왼쪽으로 이동하고, 등을 두드리면 직진하고, 머리를 두드리면 앉는다.
4 이렇게 이동하다가 전방에 있는 깃발을 제일 빨리 잡는 모둠이 승리한다.
5 넓은 운동장에서 활동하면 좋다.

74 눈 가리고 물건 줍기

- **관련 단원** 1-2 가을 1단원, 2-2 가을 1단원
- **준비물** 사탕, 딱지, 눈가리개

눈을 가리고 땅에 떨어져 있는 물건을 많이 줍는 놀이로 모둠별 활동에
좋다. 같은 모둠원이 힌트를 주게 하면 더 즐겁게 할 수 있으며 장애 체험
교육에 활용하면 좋은 활동이다.

놀이 방법

1   모둠별로 한 명씩 선발한다.
2   선발된 사람은 눈을 가리고 땅에 떨어져 있는 사탕을 줍는다.
3   제한된 시간에 제일 많이 줍는 모둠에게 점수를 주고, 사탕은 상품으로
    준다.
4   사탕 대신에 딱지, 공, 콩주머니 등 다양한 물건을 이용할 수 있다.

75 달팽이 달리기

• **관련 단원** 1-2 가을 2단원, 2-2 가을 2단원

달팽이 선을 따라 달리다 가위바위보를 해서 이긴 사람은 계속 달리고 진 사람은 다음 사람에게 바통을 넘기는 체육 활동이다.

△ ● ▲
놀이 방법

1 두 개의 팀으로 나눈다.
2 운동장에 큰 달팽이 그림을 그린다. 한 팀은 달팽이 안쪽으로 모이고, 다른 팀은 달팽이 바깥쪽 입구에 모인다.
3 선생님의 신호에 따라 순차적으로 한 사람씩 달팽이 선을 따라 달린다. 안에 있는 사람은 바깥쪽으로, 바깥쪽에 있는 사람은 안쪽으로 달린다.
4 가운데서 두 사람이 만나면 가위바위보를 한다. 진 사람은 그 자리에 앉고 이긴 사람은 계속 달린다. 진 사람은 같은 팀이 구해 줘야 자기 진영으로 갈 수 있다.
5 진 팀에서는 다음 사람이 달린다. 상대 팀의 진영에 먼저 도착하는 팀이 승리한다.

▲ ● △
놀이의 팁 Tip

• 두 번째 게임을 할 때는 안쪽과 바깥쪽 진영을 바꾼다. 달릴 때 한쪽 발을 들고 외발로 달리게 할 수 있다.

76 밥주걱 릴레이

• **관련 단원** 1-2 가을 2단원, 2-2 가을 2단원
• **준비물** 주걱

자기 팀 사이를 지그재그로 돌아와 뒷사람에게 주걱을 넘겨주는 이어달리기 놀이다. 개인 달리기 능력에 따라 순서를 바꿀 수 있으며 협동심을 기르는 데 좋은 활동이다.

△ ● ▲
놀이 방법

1   각 팀은 좌우, 앞뒤로 1m 이상 충분한 간격을 두고 일렬종대로 선다.
2   신호가 떨어지면 각 팀의 맨 앞사람은 주걱을 가지고 자기 팀 사이를 지그재그로 뛰어서 다시 제자리로 돌아와 두 번째 사람에게 주걱을 넘겨준다.
3   순서대로 진행하여 맨 마지막 사람에게 가장 먼저 주걱을 전달해 주는 팀이 이긴다.
4   달리기를 제일 잘하는 사람을 제일 먼저 뛰게 할 수 있다.

77 당근 뽑기

· **관련 단원** 1-2 겨울 2단원, 2-2 겨울 2단원

공격팀이 팔짱 낀 수비팀의 사람을 빼내는 놀이로 다칠 수 있으므로 안전에 유의해야 하는 활동이다.

놀이 방법

1   두 모둠으로 나누어 서로 가위바위보를 한다.
2   진 팀은 앉아서 팔짱을 끼고 스크럼을 짠다.
3   이긴 팀은 진 팀을 한 명씩 떼어낸다.

놀이의 팁 Tip

·   선생님은 학생들이 다칠 수 있으니 주의해서 살피도록 한다.

78 풍선 나르기

• **관련 단원** 1-2 겨울 2단원, 2-2 겨울 2단원
• **준비물** 풍선, 신문지

신문지 위에 풍선을 올려놓고 릴레이 달리기를 하는 놀이로 친구들끼리 서로 협력하는 활동이다. 협동심을 기르는 데 도움이 된다.

놀이 방법

1 두 사람이 한 조가 되어 활동한다.

2 신문지 위에 풍선을 올려놓고 달린다.

3 풍선이 떨어지면 다시 주워 올려놓고 반환점을 돌아온다. 규칙을 잘 지키도록 한다.

4 신문지 대신에 보자기를 활용해도 좋다.

79 신문지 기차

• **관련 단원** 1-2 겨울 2단원, 2-2 겨울 2단원
• **준비물** 신문지, 반환점

신문지 양쪽에 두 개의 구멍을 뚫어 머리를 넣고 달리는 놀이로 너무 빨리 달리면 신문지가 찢어질 수 있으므로 친구와 보조를 맞추어야 하는 활동이다.

놀이 방법

1 두 사람이 한 조로 활동한다.
2 두 개의 구멍을 뚫은 신문지에 각각 머리를 넣고 반환점을 돌아온다.

80 바벨탑 쌓기

- **관련 단원** 1-2 가을 2단원, 2-2 가을 2단원
- **준비물** 종이컵

모둠별로 종이컵을 높이 쌓는 놀이로 협동심을 기를 수 있는 활동이다.

놀이 방법

1 각 모둠은 어떤 모양이든 상관없이 종이컵을 높이 쌓는다.
2 제한된 시간에 개수는 상관없이 높이 쌓는 팀이 승리한다.

놀이의 팁

- 쉽고 간단하지만 집중력과 협동심을 요구하는 활동이라 쌓다가 종이컵이 무너지면 학생들이 실망하는 모습을 보이기도 한다. 선생님은 학생들이 활동을 계속할 수 있도록 자신감을 심어주며 격려해 주도록 한다.
- 처음 활동 때는 아무렇게나 종이컵을 쌓지만, 활동을 많이 할수록 학생들이 보다 체계적으로 종이컵을 쌓아가는 기특한 모습을 볼 수 있다.

81 색깔 판 뒤집기

• **관련 단원** 1-1 여름 2단원, 2-1 여름 2단원
• **준비물** 색깔 판

팀별로 제한된 시간 안에 색깔 판을 많이 뒤집는 체육 활동으로 협동심을
기를 수 있다.

△ ● ▲
놀이 방법

1 반 전체를 두 팀을 나누고 양면의 색깔 판을 준비한다.

2 각 팀의 색깔을 정한다.

3 각 팀은 제한된 시간 동안 색깔 판을 뒤집는다.

4 제한 시간이 지나면 뒤집은 개수를 센다. 많이 뒤집은 팀이 승리한다.

5 한 번에 3분 정도의 시간을 주고 두 번 활동을 한다.

▲ ● △
놀이의 팁 Tip

• 놀이에 집중하다 보면 학생들끼리 과격하게 행동하거나 다툼이 생길 수
있으므로 선생님은 학생들이 안전에 주의하도록 해야 한다.

82 게걸음 달리기

• **관련 단원** 1-1 여름 2단원, 2-1 여름 2단원
• **준비물** 풍선, 반환점

둘이 등을 맞대고 등 사이에 끼운 풍선을 목적지까지 게걸음으로 달려가
터뜨리는 놀이로 협동심을 키울 수 있는 활동이다.

놀이 방법

1 네 명을 한 모둠으로 한다.
2 각 모둠에서 두 사람이 등을 맞대고 팔짱을 끼고 등 사이에 풍선을 끼
   운다.
3 시작 신호가 울리면 등 뒤에 풍선을 끼고 게걸음으로 반환점까지 달려가
   풍선을 터뜨린다.
4 반환점에서 두 사람이 돌아오면 다른 사람이 풍선을 끼고 다시 출발한다.
5 릴레이 형식으로 먼저 끝내는 모둠이 승리한다.

▲●△
놀이의 팁 `Tip`

- 풍선을 터뜨릴 때는 등을 맞대고 터뜨릴 수도 있고 한 사람이 매트 위에 엎드려서 풍선을 엉덩이에 놓으면 다른 한 사람이 앉으며 엉덩이로 터뜨릴 수도 있다.

83 한마음으로

• **관련 단원** 1-1 여름 2단원, 2-1 여름 2단원
• **관련 단원** 줄넘기, 반환점

두 사람이 한 조로 줄넘기를 하며 반환점을 돌아오는 체육 놀이다. 둘이 보조를 맞춰야 하는 활동이므로 빨리하기보다는 정확히 하도록 해야 한다.

놀이 방법

1   두 사람이 한 모둠으로 활동한다.
2   어깨동무하고 둘이 서서 한 사람은 오른손으로 줄넘기 줄을 잡고 한 사람은 왼손으로 줄넘기 줄을 잡는다. 키 순서로 서면 활동하기 좋다.
3   발을 맞춰 줄을 넘으며 반환점을 돌아온다.
4   제한된 시간에 반환점을 빨리 돌아오는 모둠이 이긴다.

84 징검다리

- **관련 단원** 1-1 여름 2단원, 2-1 여름 2단원
- **준비물** 훌라후프, 반환점

두 명이 한 모둠이 되어 한 명은 훌라후프로 징검다리를 놓고 다른 한 명
은 훌라후프 징검다리를 건너며 반환점을 돌아오는 놀이로 협동심을 기를
수 있는 체육 활동이다.

놀이 방법

1. 두 명을 한 모둠으로 한다.
2. 시작과 동시에 한 명은 반환점까지 훌라후프로 두 개를 이용해 친구가 이
   동할 때마다 징검다리를 놓고, 다른 한 명은 그 징검다리를 건너며 반환점
   을 돌아온다.
3. 반환점을 빨리 돌아오는 모둠이 승리한다. 규칙을 잘 지키도록 한다.

놀이의 팁 Tip

- 서로 합이 잘 맞아야 하는 게임이고 순발력을 요구하는 활동이라 학생들이
  훌라후프에 걸려 넘어질 수 있으므로 선생님은 안전에 주의하도록 한다.

85 캥거루 릴레이

- **관련 단원** 1-1 여름 2단원, 2-1 여름 2단원
- **준비물** 쌀자루, 반환점

쌀자루에 들어가 캥거루처럼 뛰어 반환점을 돌아오는 체육 활동으로 빨리 하는 것보다는 정확히 하는 것이 더 중요하다는 것을 느낄 수 있다.

놀이 방법

1 네 명을 한 모둠으로 한다.
2 각 모둠은 자루 안에 들어가 캥거루처럼 뛰어 반환점을 돌아온다.
3 제한된 시간에 빨리 돌아오는 모둠이 승리한다.

놀이의 팁 Tip

- 선생님은 학생들이 넘어지지 않도록 안전에 주의해야 한다.

86 이길 때까지 가위바위보

- **관련 단원** 1-1 여름 2단원, 2-1 여름 2단원
- **준비물** 뿅망치

상대 팀 팀장과 이길 때까지 가위바위보를 하는 놀이로 협동심을 기르는 데 도움이 되는 활동이다.

△ ● ▲
놀이 방법

1   A팀과 B팀으로 나누고 각 팀별로 일렬종대로 의자에 앉는다.

2   팀장은 상대 팀의 3m 정도 앞에 앉는다.

3   각 팀의 첫 번째 사람이 뿅망치를 들고 상대 팀 팀장에게 간다.

4   A팀의 팀원들은 1명씩 B팀의 팀장과, B팀의 팀원들은 A팀의 팀장과 각각 가위바위보를 한다.

5   A팀의 첫 번째 팀원이 B팀의 팀장과 가위바위보를 해서 이기면 두 번째 자기 팀의 팀원에게 뿅망치를 전달한다. 그러면 다음 주자가 B팀의 팀장과 가위바위보를 한다.

6   만약 가위바위보에서 진다면 뿅망치를 B팀의 팀장에게 넘겨주고, B팀의 팀장은 뿅망치를 받아들고 A팀의 첫 번째 팀원의 등을 때리며 탈락시킨다.

7   탈락한 A팀의 첫 번째 팀원은 출발선으로 다시 돌아갔다 와서 다시 가위바위보를 한다. 이기면 뿅망치를 받고 다음 팀원에게 뿅망치를 전달한다.

8   마지막 팀원까지 가위바위보를 하여 먼저 게임을 끝내는 팀이 승리한다.

지도서와 함께 보는
교과서 단원별 놀이 총정리

저학년 학생들에게 학교와 선생님, 친구들의 첫인상은 어떨까요?
우리 학생들은 처음 만나는 선생님과 친구에게 설레는 감정보다는
낯선 환경에 놓여 있다는 두려움을 먼저 갖기 마련입니다.
그래서 학기 초에는 등교를 거부하는 학생들도 많지요.
저마다 다른 성격, 다른 개성을 가지고 쫑쫑거리며 병아리처럼 자유롭던 학생들이
사회라는 울타리에서 생활하게 된 것입니다. 절제된 공동체 생활과 공부라는 무거움도 따라오고요,
스스로 챙겨서 해나가야 할 일도 생기고요,
기타 수업 놀이에서는 친구 사귀기, 수업에 주의 집중하기, 자기 표현하기 등의
활동으로 바짝 긴장해 있는 우리 학생들의 몸과 마음을 풀어줄 놀이를 모았습니다.
이 놀이들이 우리 학생들이 처음 만나는 선생님,
친구들과 더욱 가까워지는 데 도움이 되기를 바랍니다.

기타 수업 놀이

단원별 놀이 찾아보기

01 업다운

• **관련 활동** 친교 활동

주먹 쥔 손을 서로 엇갈리게 붙여 세우고 사회자의 구령에 맞춰 올렸다 내렸다 하며 짝과 친해지는 데 도움이 되는 활동이다.

놀이 방법

1 짝과 마주 보고 앉아 서로 주먹을 쥐고 주먹을 쥔 손의 순서를 엇갈리게 붙여 위로 세운다.
2 사회자가 "업!" 하고 외치면 맨 아래에 있는 주먹을 맨 위로 올린다.
3 "다운!"이라고 하면 맨 위에 있는 주먹을 맨 아래로 내린다.
4 "때려!"라고 말하면 맨 위에 있는 주먹이 그 아래에 있는 주먹을 때린다. 이때 아래에 있는 주먹이 빨리 피하면 결국 자기 주먹을 때리게 된다.
5 "때려!" 대신에 "잡아!"라고 말하면 위에 있는 주먹이 아래 있는 주먹을 잡는다.

놀이의 팁 Tip

• "때려" 대신에 "다운"이란 말을 큰 소리로 외치면 깜짝 놀라면서 아래 주먹을 때리는 사람이 종종 나와 학생들이 즐거워한다.

02 콕콕콕

• **관련 활동** 친교 활동

옆 사람의 손가락은 잡고 내 손가락은 빨리 빼내는 게임으로 순발력을 기를 수 있으며 친교 활동에 좋다.

△ ● ▲
놀이 방법

1 모두 하나의 원을 만들어 모여 앉는다.

2 왼손 엄지와 검지로 둥근 고리를 만들고, 오른손 검지는 옆 사람의 고리에 넣는다.

3 선생님이 "콕콕콕!" 하고 말하면 오른쪽 검지 손가락을 오른쪽 사람의 왼손 고리에 넣었다 뺐다를 반복한다. 그러다가 선생님이 "잡아!" 하고 외치면 왼손 고리는 상대방의 손가락이 빠져나가지 못하게 붙잡고, 오른쪽 검지 손가락은 옆 사람의 고리에서 재빨리 빼낸다.

▲●○ 놀이의 팁 Tip

- "잡아"라는 말 대신에 "콕"이란 말을 크게 하거나, "잡채", "잡지"라고 말하면서 학생들을 헷갈리게 하면 놀이에 재미를 더할 수 있다.
- 〈퐁당퐁당 돌을 던지자〉 노래를 부르며 진행하면 놀이에 리듬감이 생긴다.

03 웃음 의자

- **관련 활동** 친교 활동, 웃음 활동
- **준비물** 의자

의자에 앉으면 웃기 시작하는 활동으로 긍정적인 학급 분위기 조성에 도움을 주는 놀이다.

놀이 방법

1   웃음 의자를 하나 만들어 가운데에 놓고 의자 주변에 빙 둘러앉는다.
2   선생님은 학생들에게 이 의자에 앉으면 모든 근심, 걱정을 잊고 손뼉 치며 큰 소리로 웃게 된다고 설명한다.
3   한 사람씩 돌아가면서 웃음 의자에 앉아 10초 이상 길게 웃는다.
4   모둠별 활동을 해도 좋고 또는 적은 인원일 경우 전체 활동이 가능하다.

04 선생님과 가위바위보

• **관련 활동** 친교 활동, 웃음 활동, 주의 집중 활동

선생님과 전체 학생들이 가위바위보를 하는 놀이로 선생님에게 지면 손을 내리고, 이기면 계속 게임에 참여하면서 최후의 승자를 가리는 놀이다.

놀이 방법

1 선생님은 반 전체 학생들과 함께 한 손을 머리 위로 올리고 가위바위보를 한다.
2 선생님에게 진 학생들은 손을 내린다.
3 마지막까지 남은 학생에게 간단한 선물을 준다.
4 살아남은 사람이 많은 분단이 승리하는 분단 게임으로 진행할 수도 있다.

05 의자에 엉덩이 먼저

- **관련 활동** 친교 활동, 체육 활동, 주의 집중 활동
- **준비물** 의자

인원수보다 한 개 적은 의자에 먼저 앉는 활동으로 순발력을 기를 수 있는
체육 활동이자 친교 활동이다.

△ ● ▲
놀이 방법

1 인원수보다 한 개 적은 의자를 둥글게 놓는다. 노래를 부르며 의자 주위를
  돌다가 선생님이 "앉아!" 하고 외치면 빈 의자에 빨리 앉는다.
2 의자에 앉지 못한 사람은 탈락되고, 탈락한 인원수만큼 의자를 뺀 다음 게
  임을 계속한다.
3 일정한 인원이 남을 때까지 반복한다.

06 하이!

• **관련 활동** 주의 집중 활동

수업 시작 전에 돌아다니거나 떠드는 학생들이 많을 때 수업 분위기를 잡는 데 도움이 되는 활동이다.

놀이 방법

1　수업 시작 종이 울리면 선생님이 "하이!"라고 외친다. 그러면 모든 학생들은 하던 것을 멈추고 그대로 얼음이 된다.
2　선생님이 "땡!"이라고 외치면 다시 움직일 수 있다.

놀이의 팁 Tip

• 수업 시작 종이 울렸는데도 자리에 앉지 않고 여기저기 돌아다니는 학생들이 많으면 수업을 시작하기가 곤란할 때가 있다. 이럴 때 활용하면 좋은 놀이다.

07 침묵의 공

• **관련 활동** 체육 활동, 주의 집중 활동
• **준비물** 탱탱볼

실내에서 서로 공을 주고받으며 집중력을 키울 수 있는 놀이로 침묵해야
하는 규칙이 있어 다른 반에 피해를 주지 않는 조용한 활동이 가능하다.

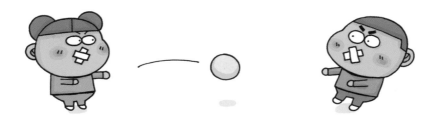

놀이 방법

1 모두 자리에서 일어선 후 처음 공을 던질 사람을 정한다.

2 원하는 사람에게 공을 던진다. 공을 던질 때는 상대방이 잘 받을 수 있도
   록 몸 쪽으로 던진다.

3 상대방이 받지 못할 정도로 공을 세게 던지거나, 자기에게 오는 공을 받지
   못한 학생은 자리에 앉는다.

4 침묵을 지켜야 하므로 소리를 낸 학생도 자리에 앉는다. 마지막까지 남는
   학생에게 점수를 준다.

5 남은 학생이 많은 모둠이 승리하는 모둠별 게임으로도 진행할 수 있다.

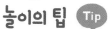

놀이의 팁 Tip

- 실내에서 하는 공놀이로 지루한 시간에 분위기를 전환하는 데 효과적이다.
- 다칠 수 있으니 물렁물렁한 공을 사용하는 것이 좋다.
- 활동 시간이 지체되는 것을 막기 위해 공을 받고 3초 이내에 다른 사람에게 던지는 규칙을 추가할 수 있다. 판정 때문에 종종 다툼이 생길 수 있으니 앉아야 하는 학생은 선생님이 판단해 주는 것이 좋다.

08 자화상 그리기

• **관련 활동** 친교 활동, 표현 활동
• **준비물** 도화지, 매직

자기 얼굴 위에 도화지를 대고 그 위에 자신의 얼굴을 그리는 활동이다. 그려진 눈, 코, 입의 모양이 우스꽝스러워서 친구의 얼굴과 그림을 비교하면서 즐거워하는 시간을 가질 수 있다.

놀이 방법

1 학생들은 각자 얼굴에 도화지를 대고 선생님이 말하는 대로 매직으로 그림을 그린다.
2 선생님이 "눈을 그리세요." 하면 눈을, "입을 그리세요." 하면 입을 그린다.
3 모둠을 정해 한 사람씩 나와서 제일 그림을 잘 그리는 모둠에게 점수를 주는 활동으로도 할 수 있다.

놀이의 팁 Tip

• 다섯 명이나 여섯 명을 한 모둠으로 하는 모둠별 활동이 좋다.
• 눈, 얼굴 윤곽, 입처럼 순서를 뒤죽박죽 그리게 하면 더 재미있는 얼굴 모양이 나올 수 있다.

09 물물교환하기

• **관련 활동** 친교 활동, 표현 활동, 경제 활동
• **준비물** 색종이, 스티커

색종이로 물물교환하면서 같은 색의 색종이를 빨리 모으는 활동으로 경제
교육을 할 때 좋은 활동이다.

△ ● ▲

놀이 방법

1   반 전체에게 색종이를 한 묶음씩 나눠준다.

2   돌아다니며 아무나 만나 악수를 하며 서로 "반갑습니다." 하고 인사한다.

3   인사를 하고 색종이 한 장을 서로 교환한다.

4   상대방과 색종이 교환의 협상이 안 되면 가위바위보를 해서 이긴 사람 마
    음대로 교환할 수 있다. 다른 친구들이 잘 모으지 않는 색으로 모으는 것
    이 좋다.

5   같은 색의 색종이를 모두 모은 사람은 제자리에 앉는다.

6   제일 빨리 앉은 사람에게 상을 주고 제일 늦은 사람 얼굴에 스티커를 붙여
    준다.

10 왼손 따로 오른손 따로

• **관련 활동** 친교 활동

왼손의 동작과 오른손의 동작을 다르게 하는 활동으로 좌뇌와 우뇌를 고루 발달시킬 수 있는 놀이다. 처음에는 생각처럼 몸이 따라주지 않아 웃게 되는데 여러 번 반복하게 되면 점차 익숙해진다.

놀이 방법

1 선생님이 "하나, 둘, 셋" 신호를 하면 왼손은 엄지손가락을 펴고 오른손은 새끼손가락을 편다.
2 또다시 "하나, 둘, 셋" 신호를 하면 왼손은 새끼손가락을 펴고 오른손은 엄지손가락을 편다.
3 한두 번 반복한다. 처음엔 잘 안 되지만 점차 익숙해진다.
4 틀리는 사람이 벌칙을 받는다.

놀이의 팁 Tip

- 왼손은 엄지 하나를 접고 오른손은 수 세기, 왼손은 두 박자 젓고 오른손은 세 박자 젓기, 왼손은 왼쪽 무릎 문지르고 오른손은 오른쪽 무릎 두드리기 등 다양한 활동으로 진행할 수 있다.
- 익숙하지 않은 동작으로 실수가 반복되는데 이때 다른 사람의 행동뿐 아니라 본인 스스로의 행동으로도 웃게 된다.
- 천천히 시작하여 활동에 익숙해지면 점점 속도를 높인다.

11 범인 찾기

- **관련 활동** 친교 활동
- **준비물** 지우개

술래만 모르게 동작을 시작하는 사람, 지우개를 갖고 있는 사람을 추측하여 찾아내는 놀이다. 리더가 이번에는 어떤 동작으로 바꿀까, 지우개는 누가 가지고 있을까에 대한 궁금증과 술래가 과연 정답을 맞힐 수 있을까에 대한 긴장감이 활동에 몰입하게 한다.

01 동작을 시작하는 사람 찾기

1 모두 둥글게 모여 앉아 눈을 감는다. 선생님이 먼저 술래를 정한 후 모두 눈을 뜨게 한다.
2 선생님은 술래의 눈을 감게 한 후 리더를 한 명 정한다. 술래를 제외한 모든 학생들이 리더가 누구인지 알고 있어야 한다.
3 다 같이 박수를 치며 노래를 부르다 리더가 동작을 바꾸면 모두 함께 리더의 동작을 따라하며 노래를 부른다.
4 리더는 술래가 보지 못하게 박수 치기에서 무릎 치기 등으로 재빨리 동작을 바꾼다.
5 다른 사람들은 리더가 누구인지 술래에게 들키지 않도록 리더를 쳐다보지 않으면서 빠르게 동작을 바꾼다.
6 술래는 누가 리더인지 한 번에 맞혀야 한다.

02 지우개를 갖고 있는 사람 찾기

1 반 전체가 다 같이 둥글게 앉는다.

2 학생들은 술래가 모르게 지우개를 옆 사람에게 옮기며 다 같이 노래를 부른다.

3 노래가 끝나면 술래는 지우개를 갖고 있는 사람이 누구인지 한 번에 맞혀야 한다.

놀이의 팁 Tip

• 저학년의 경우는 술래를 하는 것을 좋아하기 때문에 모두 한 번씩 술래를 할 수 있도록 배려해 주는 것이 좋다.

• 지우개를 갖고 있지 않은 사람도 마치 지우개가 있는 것처럼 옮기는 행동을 통해 술래를 속일 수 있다.

• 지우개 대신에 주사위나 사탕으로 게임을 진행해도 좋다.

12 돼지우리

- **관련 활동** 친교 활동
- **준비물** 스티커

세 사람이 한 조가 되어 돼지를 잡는 놀이로 민첩성이 요구되며 신학기 친구들과 사이좋게 지낼 수 있게 도와주는 활동이다.

놀이 방법

1   세 명을 한 모둠으로 운동장에서 활동한다.
2   모두가 둥글게 원을 잡고 노래 부르며 돌다가 선생님이 "돼지우리!"라고 하면 세 사람이 짝을 이룬 다음 두 사람이 손을 마주 잡고 한 사람이 그 안에 들어간다. 안에 있는 사람은 '돼지'가 되고 밖의 두 사람은 '돼지우리'가 된다.
3   선생님이 "돼지!"라고 하면 안에 있던 사람은 '우리'를 빠져나와 빨리 다른 '우리'로 들어가야 한다.

4 선생님이 "우리!"라고 하면 안에 있는 돼지는 가만히 있고 손을 잡고 있던 두 사람은 빨리 다른 돼지를 자신들의 우리 안에 넣어야 한다.

5 선생님이 "폭탄!" 하고 말하면 모든 사람들이 손을 풀고 다른 사람과 세 명씩 짝을 이루어 다시 '돼지우리'를 만들어야 한다.

6 제일 늦는 사람은 탈락시키거나 얼굴에 스티커를 붙여준다.

13 돼지꼬리

• **관련 활동** 친교 활동

친구들의 질문에 술래는 무조건 "돼지꼬리"라고 대답해야 하는 벌칙 게임이다. 답이 정해져 있어 친구들의 재치 있는 질문에 따라 즐겁게 활동할 수 있다.

놀이 방법

1 한 사람씩 돌아가며 술래에게 질문을 한다. 다른 사람의 질문에 술래는 무조건 '돼지꼬리'라고 대답해야 한다.

"오늘 아침에 무엇을 먹고 왔습니까?", "돼지꼬리", "오늘 학교 급식으로 무엇이 나옵니까?", "돼지꼬리"

2 "돼지꼬리" 대신에 "당연하지!"라는 말을 해도 좋다.

놀이의 팁 Tip

• 선생님은 학생들이 즐겁고 재미있는 질문을 할 수 있도록 유도한다.
• 게임 중 벌칙을 받을 때 활용할 수 있다.

14 풍선 엘리베이터

- **관련 활동** 친교 활동
- **준비물** 풍선

두 명이 마주 보고 서서 둘 사이에 끼운 풍선을 이마에서부터 발까지 천천히 내려가게 하는 놀이다. 몸을 사용하는 활동이므로 친밀감이 생기고, 사이가 안 좋거나 자주 싸우는 학생들을 지도하는 데 도움이 된다.

놀이 방법

1 두 사람이 한 팀이 되어 이마 사이에 풍선을 끼우고 마주 보고 선다. 양손은 뒷짐을 진다.
2 이마에서부터 얼굴, 목, 가슴, 배, 무릎, 발까지 사회자의 구령에 맞춰 풍선을 천천히 내려가게 한다.

놀이의 팁 Tip

- 풍선 대신 휴지를 사용해도 좋다.

15 박장대소

• **관련 활동** 친교 활동

친구를 찾아가 양손으로 서로 박수를 치며 웃는 놀이로 서먹했던 친구와 함께 손뼉을 치며 웃다 보면 미운 감정도 사라지게 된다. 잘 다투거나 싸우는 친구들에게 도움이 되는 활동이다.

놀이 방법

1 모두 자유로운 대형으로 선다. 음악이 나오면 친구를 찾아가 양손으로 서로 박수를 치며 웃는다. 네 박자의 시간만큼 실컷 박수를 치고 또 다른 친구를 찾아간다. 음악이 끝날 때까지 반복한다.
2 친구를 만나 양손으로 박수를 칠 때 머리 위에서부터 시작하여 무릎까지 내려가면서 치도록 해도 좋다.
3 반대로 무릎에서 머리까지 올라가며 박수를 칠 수도 있다.

놀이의 팁 Tip

• 친구와 서로 인사하고 자기 소개를 한 후 박수를 치도록 하는 것이 좋다. 음악이 끝날 때까지 최대한 많은 친구를 만나도록 한다.
• 한바탕 웃는 것은 에어로빅 5분의 효과가 있다고 한다. 여러 사람을 만나 박장대소하는 놀이로 건강에 도움이 되는 활동이다.
• 박수는 긴장된 마음을 이완시키는 효과가 있을 뿐 아니라 대인 관계에 편

한 마음을 갖게 해주므로 싸웠던 친구와 박수를 치다 보면 서먹했던 감정들이 풀어지게 된다. 싸움이 잦은 학급에서 체육 시간 전에 활용하면 좋다.

16 어서 옵쇼

• **관련 활동** 친교 활동, 표현 활동, 경제 활동

세 명이 한 조가 되어 음식을 시키는 놀이로 순발력를 기르는 데 도움이
되는 활동이다.

놀이 방법

1 세 명을 한 모둠으로 하고 모두 둥글게 모여 앉는다.

2 각 모둠명을 음식 이름으로 정한다. (예 : 비빔밥, 자장면, 햄버거 등)

3 무릎, 손뼉, 오른손 엄지손가락, 왼손 엄지손가락 순서로 네 박자를 맞
춘다.

4 비빔밥 모둠의 모둠원 1번이 "어서 옵쇼" 하고, 2번이 "무엇을 드릴까요?"
하고, 3번은 다른 모둠의 이름인 '자장면'을 외친다.

5 자장면 모둠이 비빔밥 모둠의 주문을 이어받아 "어서 옵쇼" 하고, 2번이
"무엇을 드릴까요?" 하고, 3번은 다른 모둠의 이름인 '햄버거'를 외친다.

6 위의 과정을 반복하다가 박자를 놓치거나 잘못 말하는 모둠은 벌칙을 받
는다.

7 수준에 맞게 빠르기를 조절하는 것이 좋다.

17 인생 곡선

- **관련 활동** 친교 활동, 표현 활동
- **준비물** 종이, 연필

인생 곡선을 통해 친구의 마음을 이해할 수 있는 놀이로 배려심을 키우는 데 도움이 되는 활동이다.

놀이 방법

1 종이 중간 지점에 수평선을 긋는다.
2 수평선에 나이를 구분하여 행복했던 시절은 수평선 위로 많이 올라가고, 슬픈 시절은 수평선 아래로 많이 내려가게 한 후 각각의 점을 이어 인생 곡선을 만든다.
3 친구와 인생 곡선을 보여주며 이야기를 나눈다.

놀이의 팁 Tip

- 분위기 있게 조용한 음악을 틀어주고 조명을 약간 어둡게 하면 더욱 좋다. 학생들이 서로의 속마음을 이야기하는 데 도움이 된다.

18 장군 웃음

- **관련 활동** 친교 활동, 표현 활동
- **준비물** 연필

연필을 칼처럼 차고 장군처럼 호탕하게 웃으며 자신감을 기르는 활동이다.
소극적인 학생들에게 많은 도움이 된다.

놀이 방법

1 칼이라 생각하고 연필을 옆구리에 찬다.
2 장군이 칼을 뽑듯 연필을 뽑아 들면서 "여봐라!" 하고 외친 다음 적이 쳐
   들어왔다 생각하고 "꼼짝 마라! 나는 장군이다."라고 호령한다.
3 연필을 왼쪽에서 오른쪽으로 휘두르며 장군처럼 호탕하게 웃는다.

▲ ● △

놀이의 팁 Tip

- 좋은 웃음은 크게 웃고, 길게 웃고, 온몸으로 웃는 것이다. 이 중에서 제일 중요한 것은 크게 웃는 것이다.

- 친구에게 무시를 당하거나 놀림을 당할 때, 속상한 상황일 때 학생들은 스트레스를 받게 되는데 이럴 때 스트레스를 풀 수 있는 좋은 방법이 장군 웃음이다. 아무도 없이 혼자 있을 때 친구를 향해 소리치고 웃다 보면 스트레스가 씻은 듯이 풀리게 된다.

- 무슨 말을 해야 할지 몰라서 머뭇거리는 학생들을 위해 대사 내용을 칠판에 적어놓는 것이 좋다. 대사를 너무 빠르게 하면 장군답지 않으니 천천히 하도록 한다.

- 소극적인 학생도 반드시 큰 목소리로 하도록 한다.

19 싱글싱글 벙글벙글

• **관련 활동** 친교 활동, 표현 활동

앞사람과 뒷사람을 안마하면서 신체 접촉을 통해 친구들과 친밀감을 느낄 수 있어 학교폭력예방교육으로 좋은 활동이다.

놀이 방법

1 모두 둥글게 원으로 서서 오른쪽을 본다.
2 선생님이 "싱글싱글" 하면 앞사람을 안마한다.
3 선생님이 "벙글벙글" 하면 뒤돌아서 뒷사람을 안마한다.
4 안마를 하다가 선생님이 "긁어!" 하면 안마하던 사람의 등을 긁어준다.
5 선생님이 "두드려!" 하면 두드려주고, "간질여!" 하면 앞사람 옆구리를 간질인다.
6 업어주기, 안아주기, 꼬집어주기 등 다양한 주문을 할 수 있다.

놀이의 팁 Tip

• 앞사람과 뒷사람을 안마하고 등을 긁어주고 간질이면서 친교 활동을 할 수 있다.
• 〈싱글벙글〉 노래에 맞춰 하면 더욱 즐겁게 활동할 수 있다.
• 어깨를 안마하거나 등을 긁어줄 때 너무 세게 하면 친해지기보다는 오히려 싸움이 일어날 수 있으므로 살살 하도록 한다.

- 수업 중에 학생들이 지루해 하거나 피곤해 할 때 간단히 서로 안마를 해주는 게임으로 활용할 수 있다.
- 전체 인원이 모여서 할 수 있지만 짝끼리 해도 좋다.

20 방구 뿅!

· 관련 활동 친교 활동, 표현 활동

화난 표정과 웃는 표정을 지어 보이는 놀이로 웃는 표정이 보기 좋다는 것을 느끼게 하는 활동이다.

놀이 방법

1 일곱 명을 한 모둠으로 하고 팔짱을 끼고 둥글게 모여 선다.

2 먼저 시작하는 사람이 왼쪽 사람을 쳐다보며 화난 표정을 짓고 "방구!" 하고 외치고, 오른쪽 사람을 쳐다볼 때는 웃으며 "뿅!" 하고 말한다. 그러면 신호를 받은 사람은 또 옆 사람에게 소리치며 신호를 보낸다.

3 신호를 받은 사람은 왼쪽과 오른쪽을 선택할 수 있는데 역시 왼쪽 사람을 쳐다볼 때는 화난 표정을 지으며 "방구!" 하고 외치고, 오른쪽 사람을 쳐다볼 때는 웃으면서 "뿅!"하고 말한다.

4 모둠을 정하고 모둠에서 한 명씩 나와서 틀리는 사람은 대열에서 빠지도

록 한다. 끝까지 살아남는 사람이 이긴다.

놀이의 팁 Tip

- 너무 많은 인원이 하게 되면 게임에 참여하지 못하는 경우가 있으니 열 명 이하의 인원이 적당하다.

- 신호를 보낼 때 몸까지 다 돌리면 대형이 흐트러질 수 있으므로 고개만 돌리도록 한다. 일렬횡대로도 설 수 있다.

- 소리를 낼 때는 큰 소리로 한다. "방구!" 하고 외칠 때는 화난 표정을 짓다가 갑자기 "뽕!" 하면서 웃는 표정을 지으면 정말 익살맞아 보인다. 특히 "뽕!" 할 때 다양한 표정을 지으면서 하면 더욱 재미있게 할 수 있다.

- 학년 수준에 맞게 속도를 조절할 수도 있다. 빠르게 하다 보면 '방구', '뽕'이라는 단어가 정확히 나오지 않고 이상한 단어로 외치게 되는데 학생들이 무척 즐거워한다.

- 수업 중에 졸거나 장난을 치면서 수업에 집중하지 않는 친구가 있다면 그 친구를 앞에 세워놓고 이 활동을 하면 졸린 눈이 말똥말똥해진다. 야단치는 것보다 더 큰 효과를 얻게 된다.

21 지혜롭게 살아라

• **관련 활동** 친교 활동, 표현 활동

서로 안마하며 격려해 주는 말을 하는 놀이로 친구들에 대한 배려심을 키우는 활동이다.

놀이 방법

1   두 명이 하는 짝 활동이다.
2   "지혜롭게 살아라 지혜롭게 살아라" 하며 짝의 머리를 두드린다.
3   "어깨를 펴고 살아라 어깨를 펴고 살아라" 하며 짝의 어깨를 두드린다.
4   "건강하게 살아라 건강하게 살아라" 하며 짝의 허리를 두드린다.
5   뒤돌아서서 역할을 바꿔가며 한다.

22 참참참

• **관련 활동** 친교 활동, 표현 활동, 주의 집중 활동

손의 방향과 반대로 고개를 왼쪽 또는 오른쪽으로 돌리는 놀이로 순발력이 필요한 활동이다.

△ ● ▲
놀이 방법

1 〈훌랄라 랄라〉 노래를 부르며 짝과 가위바위보를 한다.

2 이긴 사람은 손을 세워 진 사람 얼굴 가운데에 놓는다.

3 "참참참" 하면서 손을 왼쪽 또는 오른쪽으로 젖힌다.

4 이때 진 사람은 고개를 왼쪽 또는 오른쪽으로 돌리는데 이긴 사람의 손과 같은 방향일 때는 지게 된다. 이긴 사람이 큰 소리로 "참참참" 하고 외치며 다시 시작한다.

23 손 탑 쌓기

• **관련 단원** 친교 활동, 표현 활동

제시하는 문제의 답을 알고 있는 사람부터 손으로 탑을 쌓는 놀이다. 손을 쌓은 후 맨 위의 손부터 빼서 아래 손의 사람을 쳐다보며 격려의 말을 해서 친구에게 자신감을 주는 인성교육 활동이다. 교과와 단원에 상관없이 정리 단계에 활용하면 좋다.

놀이 방법

1   네 명을 한 모둠으로 한다.
2   선생님이 제시한 문제의 답을 알고 있는 사람부터 답을 말한 후에 한 손을 책상 가운데에 놓는다. 이렇게 순서대로 네 명의 양손을 모두 쌓이게 하여 탑을 만든다.
3   맨 위에 올려놓은 사람부터 손을 빼서 바로 밑의 사람의 손등을 살살 만지

면서 "너는 훌륭해!"와 같이 격려의 말을 한다. 밑에 사람은 그 밑에 사람에게 격려의 말을 해준다. 말을 할 때는 듣는 사람의 얼굴을 쳐다보고 다정한 목소리로 말하도록 한다.

4 답의 개수가 많은 문제를 내는 것이 효과적이니 답의 개수가 적을 때는 양손 중에서 한 손만 쌓아도 된다.

▲●○ 놀이의 팁 Tip

- 과목의 종류나 단원의 종류에 따라 활용할 수 있는 놀이다.
- 친구의 손을 만질 때는 때리는 것이 아니라 격려하는 것이므로 살살 만져야 한다.

24 집어, 놔

· 관련 활동 친교 활동, 표현 활동

가운데 있는 물건을 먼저 잡는 사람이 승리하는 놀이로 순발력이 필요하
며 친구와 친해질 수 있는 활동이다.

놀이 방법

1 짝과 마주 보고 앉아 책상 가운데에 물건 하나를 놓는다.

2 두 손을 머리 위에 얹는다.

3 선생님이 "집어!"라고 하면 가운데 있는 물건을 먼저 집는 사람이 승리하
고 "놔!"라고 하면 먼저 집는 사람이 지게 된다.

4 "집어"라는 말 대신에 "집시", "집게"라는 단어로 상대를 속일 수도 있다.

지도서와 함께 보는
교과서 단원별 놀이 총정리

「이 도서의 국립중앙도서관 출판예정도서목록(CIP)은
서지정보유통지원시스템 홈페이지(http://seoji.nl.go.kr)와
국가자료공동목록시스템(http://www.nl.go.kr/kolisnet)에서 이용하실 수 있습니다.
(CIP제어번호: CIP2018002000)」

저학년 수업 놀이

1쇄 발행 2018년 2월 10일
5쇄 발행 2022년 12월 31일

글 주성환
그림 옥이샘(옥상헌)

발행인 윤을식
펴낸곳 도서출판 지식프레임
출판등록 2008년 1월 4일 제 2016-000017호
주소 서울시 동대문구 청계천로 505, 206호
전화 (02)521-3172 | **팩스** (02)6007-1835

이메일 editor@jisikframe.com
홈페이지 http://www.jisikframe.com

ISBN 978-89-94655-61-1 (03370)